書くだけで運気があがる
心身が整う

神《じん》代《だい》文《も》字《じ》なぞり書き

文字をなぞって
宇宙の力を
味方につける

医学博士 丸山修寛 著

JN200602

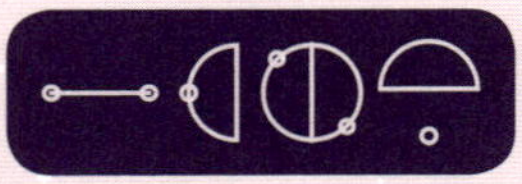

「神」の存在に「気づき」そして「生まれ変わる」

人を癒やす奇跡のパワーをもつ神代文字

私は現役の内科の医師です。現代の医学だけでは治せない病気をなんとかできないか、どうすればみんなが健康で笑顔でいられるかを考えていたときに「神代文字」（じんだいもじ・かみよもじ）と出会いました。この文字の力を医療にいかしたいと20年以上研究した結果、今では神代文字を使った治療で、症状が改善する人が格段に増えました。

この本ではその神代文字のなかから「カタカムナ文字」、「龍体文字」、「ホツマ（ヲシテ）文字」の3つをピックアップして紹介します。文字それぞれにある歴史や由来をあらすじ的に知ることができるようになっていて、ところどころマンガをはさみ、わかりやすく解説してみました。

さらに、神がつくられた文字、神の時代につくられた文字だといわれる神代文字をなぞり書きできるようになっています。神代文字は文字そのものに強いエネルギーがあります。文字を書くことによってその強いエネルギーを吸収し、自然と運気が上がったり、私が神代文字を使って行う治療と同じように、体の調子を整えることができます。

誰のなかにも存在している神様

私のなかには神がいます。私が生まれたときからずっとそばにいて、私のことを見守ってくれていました。私が特別な人間だからとかそういうことではありません。なぜなら神は誰にでも、そう、あなたのなかにも存在するからです。

私の考える「神」とは、人間1人1人のなかに存在する意識のことです。それは、顕在意識（表層意識）や潜在意識、もっと深い領域にある純粋で静寂な意識が1つに融合した意識のことです。あらゆるものをいかし続ける意識の働きといってもいいかもしれません。ただ多くの人はこの神の存在に気づいていません。普段、自分の思考や感情の影に隠れているので、ぼーっと生活していると気づかないのです。もしかしたら人生の目的は、この神様に気づくことなのかもしれません。

リメンバー・ミー&リボーン

本書はその「意識」を使って、神代文字をなぞり書きします。難しいことはありません。ただ無心になって、丁寧でキレイになぞり書きをするだけ。すると、知らず知らずのうちに自分のなかの神が顕現《けんげん》します。そして自分が神であることを思い出すことができます。そう、「リメンバー・ミー」です。なぞり書きの効果で痛みが消えることや、新たな気づきが得られることもあります。「リ・ボーン（生まれ変わる）」が、この本でなぞり書きをする本来の目的の1つです。

神代文字は神聖な文字だから恐れ多いと思っている人もいるかもしれません。ですがそうではありません。まずはこの本を通じて、神代文字を身近な存在に感じ、日常に取り込んでいってください。本書があなたにとって自分のなかの神に気づく架け橋となれたら、これほどうれしいことはありません。

丸山修寛（まるやま のぶひろ）

丸山アレルギークリニック院長。東北大学第一内科で博士号を取得。東洋医学と西洋医学に加え電磁波除去療法、波動や高次元医療に取り組む。神代文字、意識の持つ力を研究し、その文字を使って行う独特の治療法は、多くのメディアで取り上げられている。著書に『クエリ絵』（ビオ・マガジン）、『魔法みたいな奇跡の言葉カタカムナ』（静風社）などがある。

書くだけで運気があがる 心身が整う
神代文字なぞり書き

第2章　龍体文字

第3章 ホツマ文字

◎カタカムナウタヒ　について

本書に掲載しているカタカムナウタヒは、下記の文献を参考にしています。仮名読みに合わせ原文を修正した箇所もありますが、文字が異なっている場合でも高次元の作用には問題ありません。また著者は、医師として高次元空間が人にもたらす力を研究しています。神代文字の語源や意味の研究目的では掲載しておりませんので、予めご了承ください。参考文献：『相似象第９号』（相似象学会誌）、『日本の上古代文明と日本の物理学』（編集・発行者　江川和子氏／発行所：カタカムナ研究会・2014 年）、『カタカムナ生命の書　図像集２』（丸山修寛・著）

◎カタカムナウタヒ　第1首の中心図形について

カタカムナに関する多くの書籍や、著者の作品でも、カタカムナウタヒ第１首の中心図形はミクマリ（◯）としていました。しかし、本書の執筆にあたり参考にした「日本の条古代文明と日本の物理学／カタカムナ研究所」に掲載されていた第1首には、中心図形は「ヤタノカガミ」と記載がありました。また、第15首には「ミクマリ図像は第1首の渦巻の中心におかれていたが、80首のなかでは、この第15首のみである」との記載もあります。これに従い、中心図形をヤタノカガミに置き換え、エネルギーテストをしたところ、パワーが強いことがわかりました。そのため、本書では、第1首の中心図形はヤタノカガミとして掲載しています。

神代文字とは？

漢字伝来前の古代日本では、「神代文字」と呼ばれる文字が使われていたといわれています。では、神代文字とはどんな文字で、どんな目的で使われたのでしょうか？

神話や神事と結びつく神々に愛された文字

『古事記』や『日本書紀』の記述から、漢字が中国から日本に伝来したのは４世紀後半と考えられています。また、古人の証言を記録した文献や専門家の研究から、「漢字伝来前の日本に固有の文字は存在しなかった」という考え方が定説になっています。

その一方で、「古代日本では、すでに固有の文字が使われていた」という説もあります。それは漢字でもなければ、カタカナやひらがなでもありません。見方によっては絵や記号のようにも見える古代の文字です。

上古代と呼ばれる１万２０００年前に使われていた多様な古代文字を総称して「神代文字」といいます。神代とは、神様の時代や神話時代という意味です。ですから神代文字とは、神話時代に使われた文字といえるでしょう。

じつは、神話時代に神代文字で書かれた文献のようなものは何も残されていません。ところが、神道学最大の宝庫として知られる伊勢神宮の図書館「神宮文庫」には、漢字伝来以降に神代文字で書かれた99葉の奉納文が保管されているのです。

その１つが、『古事記』を編纂《へんさん》した太安万侶《おおのやすまろ》が７０８年に伊勢神宮に納めた奉納文です。太安万侶は神様への言葉と天皇へ伝える言葉を神代文字で記載し、自身の名前を漢字で署名しています。

そのことから、『古事記』が編纂されたよりもはるか昔に、神代文字が日本に存在していたことは容易に想像できます。また、当時の天皇や貴族、宮司らは神代文字の知識をもっており、読み書きができたこともわかります。

すでに漢字が使われていた奈良時代に神代文字が用いられたのは、当時、神前への奉納文には日本の神々が好む神代文字を用いるのが慣例であったようです。そのことから、神代文字は日本の神々に愛され、神話や神事と深く結びつき、神々と交流する際に用いられた文字だったといえるでしょう。

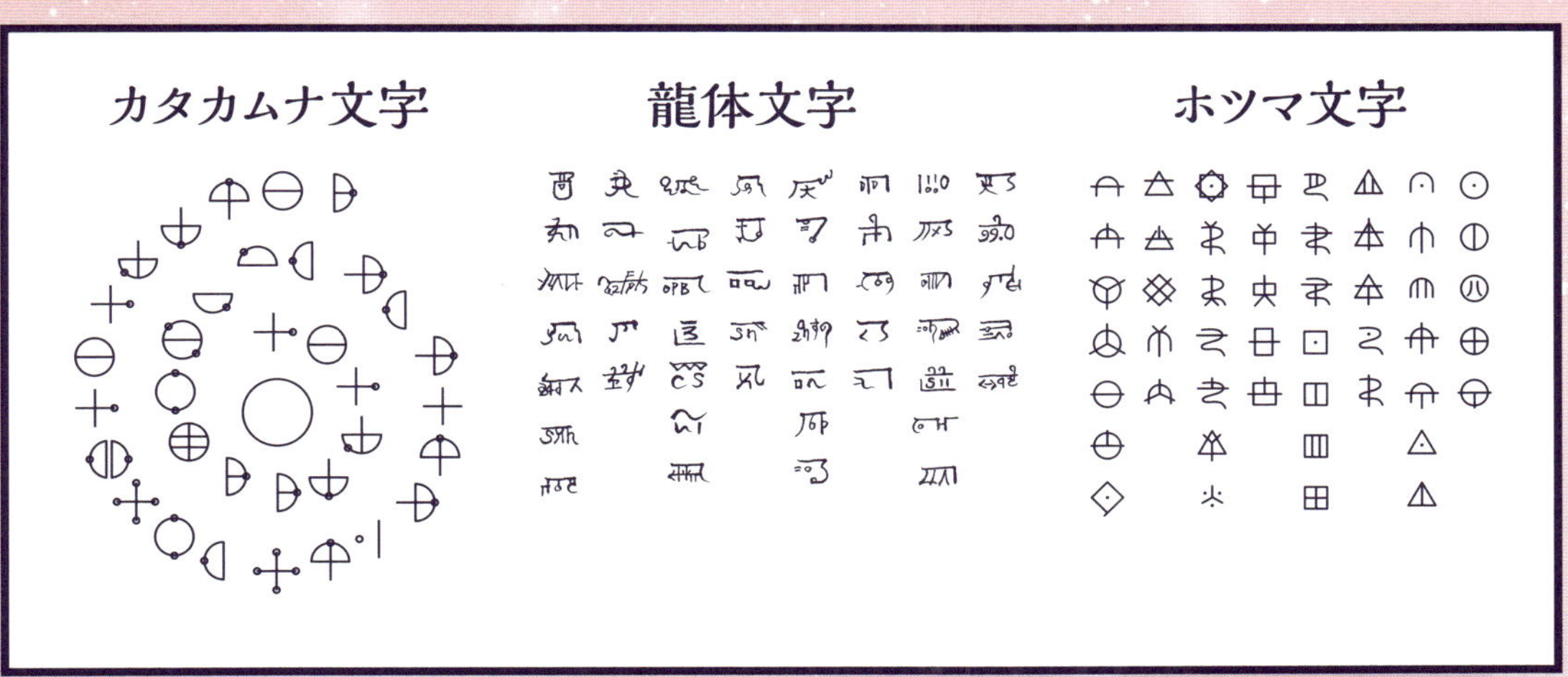

魔法のようなパワーを秘めている

日本には「言霊《ことだま》」という言葉があります。そこからわかるように、日本人は昔から言葉には霊的な力が宿っていると信じてきました。言霊と同じく文字にもパワーがあります。とりわけ神々が愛した神代文字にはその傾向が顕著です。なかには「書くだけで運気がアップする」「心身の不調が改善する」など、開運や心身に効く文字もあります。近年、多くの研究家がこうした神代文字のパワーをいかす研究を進めており、具体的な効果も出ています。

ひとくちに神代文字といっても約30種類が存在するといわれています。そのなかから、私は上古代の神代文字の1つ「カタカムナ文字」と、古代の大和言葉を記す「龍体文字」「ホツマ文字（ヲシテ文字）」という3種類に強いパワーを感じ、興味を抱きました。さらに、これらの文字を医療にいかせるのではないかと考えて、約20年前に研究を始めました。

カタカムナ文字は、人を癒やす大きな力を宿しています。この文字を使っていた当時の人々は「カタカムナ人」と呼ばれていました。現代人よりも感覚や能力が格段に発達していたカタカムナ人は、この文字を伝達や記録のほかに医療にも用いていたと思われます。

そこで私はカタカムナ文字の使い方や意味を解読し、これを使った図形を患者さんの患部に貼る治療を試みたところ、かなりの人の症状が癒え、元気になる人が増えたのです。ですから、カタカムナ文字は体が元気になる「奇跡の文字」といえるでしょう。

また、龍体文字とホツマ文字は、カタカムナ文字に勝るとも劣らないパワーを持っていることがわかっています。これらの神代文字には固有のパワーがあり、それぞれの働き方が異なるので、適材適所に応じて使っていくことが必要です。神代文字の研究はまだ始まったばかりです。これらの文字はまだまだ発見されていないパワーを秘めているのかもしれません。

この本の使い方

本書では神代文字をなぞり書きすると同時に、
その文字について理解をしながら進められるよう構成しています。
併せて下記のポイントも意識しながら、活用してみてください。

1. 「なぞり書き」に集中する

神代文字は図形のようになっていたり、絵のようになっていたり、最初はなぞるのが難しいと感じる人もいるかもしれません。もしうまく書けなくても、「なぞる」という行為に意味があるのです。

2. 基本にとらわれず、自由に

順番になぞり書きを進めていくのもいいですが、本をパラパラッとめくり気になるページからなんとなく始めるのもいいでしょう。感覚的に活用し、日々の生活に取り込むことが大切なのです。

3. 自分の直感に従う

それぞれに「効果」を明記していますが、神代文字の持つ効果はそれだけに限定されません。ページを見て心が安らいだり元気が出たり、何か感じるのなら、その文字が今のあなたに必要なのです。

4. 文字の効果を全身で感じる

全ページなぞり終わっても、この本はまだまだ活用することができます。なぞった文字や図形を眺めたり、不調な箇所にその不調に効くページをあててみるなど、触れることでも効果があります。

いつでも「潜在意識」と一緒に

あなたのなかには気づいていないもう1人の自分＝「潜在意識」が存在し、それは健康や生死を左右するような重要な存在。あなたの体のもう1人の主《あるじ》です。

「自分の意識＝神」だという話をしましたが、その神とつながるには、まず「潜在意識」に気づく必要があります。いきなり潜在意識なんて言われてもどこにいるの？ という人がほとんどでしょう。ハッキリとした形は見えなくても感じようとすることが大切です。実際声に出さなくても、心で潜在意識を呼んでみるのもいいでしょう。何をするのも潜在意識と一緒に行うことを意識しましょう。

このなぞり書きをするときも、自分が書いている手に潜在意識が手を重ね、一緒になぞっていく。そうすることで文字の持つ力を引き出し、潜在意識もあなたも元気になれるのです。

コラム 1

潜在意識の存在に気づくことが大事

**自分では自覚もコントロールもできない潜在意識。
じつはあなたが気づいていないだけで、潜在意識はあなたのなかにいるのです。そして、健康に大きな影響を及ぼすのです。**

人の体には全く別の人格を持った意識がいるよ
ぼくが潜在意識
人の体には潜在意識と顕在意識が同居しているよ
私の方が顕在意識
別名ドクター・丸山です
潜在意識と顕在意識が仲よくしていると
人は健康で元気になる

顕在意識は表面的な意識なので私たちは自覚でき、コントロールできます。一方、それとは全く別の人格をもった潜在意識も体のなかに存在しています。

潜在意識とは、自分のなかにいる「もう1人の自分」。そうです、顕在意識と潜在意識は私たちのなかでいつも同居しているのです。

潜在意識の存在に気づき、顕在意識と潜在意識が仲よくしていれば、あなたは健康で元気になります。そして、驚くほどすばらしく豊かな人生を創造していけるようになるでしょう。

もしあなたが潜在意識の存在を知らなかったり忘れたりしたら、顕在意識と潜在意識は協調しなくなります。すると意識のバランスは崩れ、人生はマイナス方向に傾き始めます。

潜在意識はあなたに構われなくなると「おい、ぼく（潜在意識）のことを忘れないでよ！　えっ、無視かよ……あんなやつ（顕在意識）なんか嫌いさ～」といった具合にすねてしまいます。

するとどうでしょう、あなたは急に体の疲れが取れなくなったり、元気が出なくなったりすることでしょう。原因不明の病気になる人も少なくありません。

だから、私たちは潜在意識の存在に気づき、いつも潜在意識と一緒に生きていることを忘れないようにしなければいけません。つまり、顕在意識も潜在意識も、あなたという人間の信頼できる1つのパートだということです。

じつは潜在意識こそが体の主で、体をコントロールしている主体といえるでしょう。だから潜在意識に気づき、仲よくすることは、健康でいるためにも病気を治すのにも欠かせないのです。

第1章 カタカムナ文字

カタカムナ文字とは？

現代になってようやく発見されたカタカムナ文字。誰がどこでどのようにして発見したのか、そしてカタカムナ文字の研究からわかった驚くべき特徴とは？

円と直線でつくられた幾何学的な文字

神代文字の1つであるカタカムナ文字を発見したのは、電気や電波の研究をしていた物理学者の楢崎皐月《ならざきこうげつ》氏です。発見に至るまでには、次のような経緯がありました。

１９４９年、楢崎氏が兵庫県六甲山系の金鳥山で大地電気（地表面に存在する電気）の測定をしていたときのことです。平十字《ひらとうじ》と名乗る猟師から、「池に変な機械を突っ込まれ、動物たちが水を飲めなくて困っているので、その測定をやめてほしい」と頼まれました。

楢崎氏が平さんの申し出に応じたところ、「お礼に」として平さんから不思議な巻物を見せてもらったそうです。それは平さんの父親が神主をしている「カタカムナ神社」の御神体として伝わるもので、とても神聖なものでした。

楢崎氏が残した文章によれば、その巻物には円と直線でつくられた幾何学的な文字のようなものが渦巻き状に描かれていたそうです。また、その文字は神代文字の「八鏡文字《はっきょうもじ》」（上古代の日本に存在した高度な文明を持つ種族によってつくられた文字）に似ていたというのです。さらに楢崎氏は平さんの話から、上古代の日本にカタカムナ人と呼ばれる民族がいたことや、彼らが絶滅したことを知ります。

八鏡文字の知識を持っていた楢崎氏は平さんに頼み込んでその巻物を20日間借り、渦巻き状に書かれた文字をノートに正確に書き写しました。その書き写した原書がカタカムナ文献と呼ばれるもので、円と線で描かれた文字のようなものは、カタカムナ人が使っていたカタカムナ文字だったのです。

楢崎氏はその後、カタカムナ文献の研究に没頭し、カタカムナ文字が現代のカタカナの原型であることを突きとめました。さらに、カタカムナナ人が高度な文明を築きあげていたことや、カタカムナ文字で自分たちの知識や文化を書き記していたこと、その内容まで解読したのです。

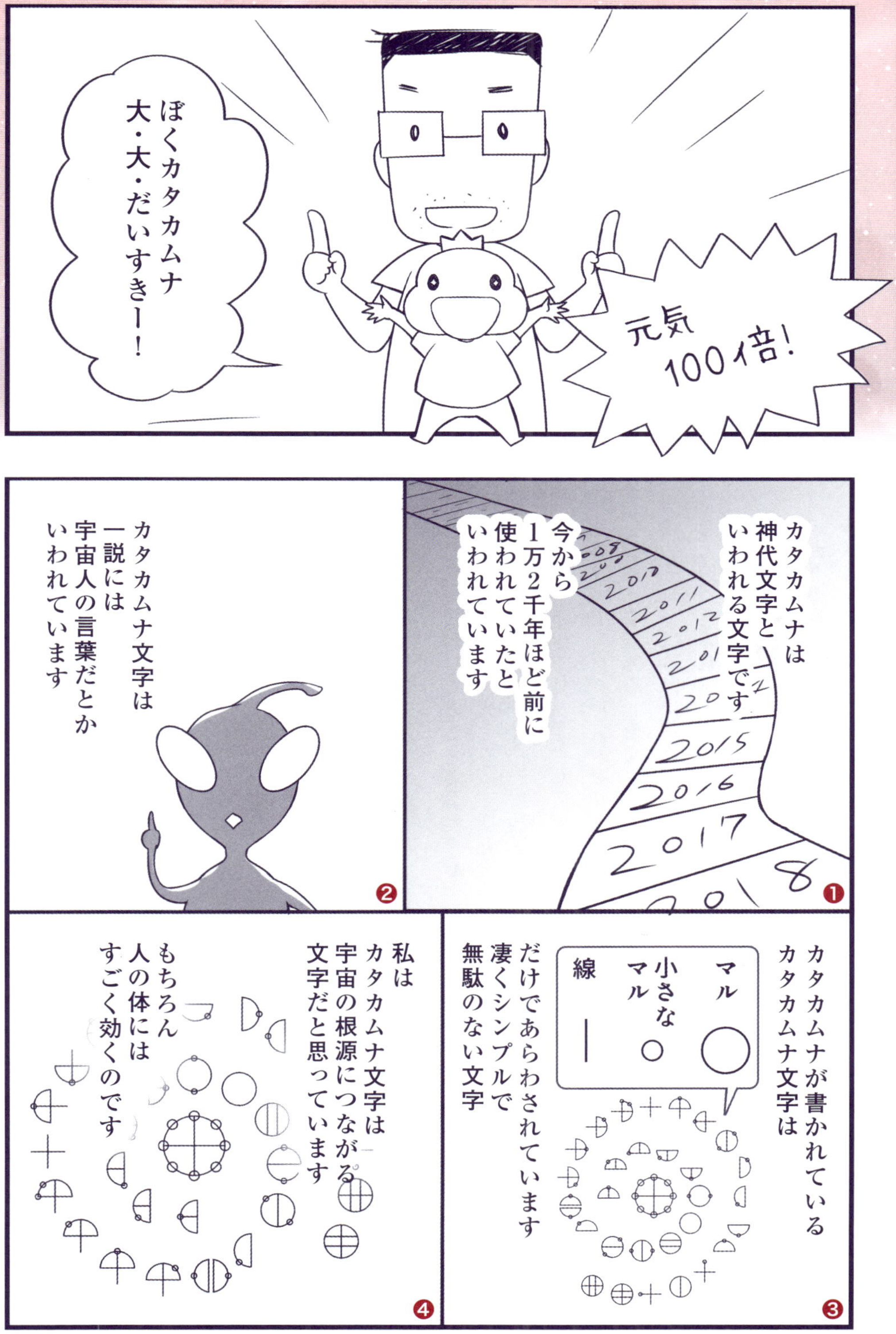
ぼくカタカムナ
大・大・だいすきー！
元気
100倍！
カタカムナは
神代文字と
いわれる文字です
今から
1万2千年ほど前に
使われていたと
いわれています
2010
2011
2012
2015
2016
2017
カタカムナ文字は
一説には
宇宙人の言葉だとか
いわれています
カタカムナが書かれている
カタカムナ文字は
マル
小さな
マル
線
だけであらわされています
凄くシンプルで
無駄のない文字
私は
カタカムナ文字は
宇宙の根源につながる
文字だと思っています
もちろん
人の体には
すごく効くのです

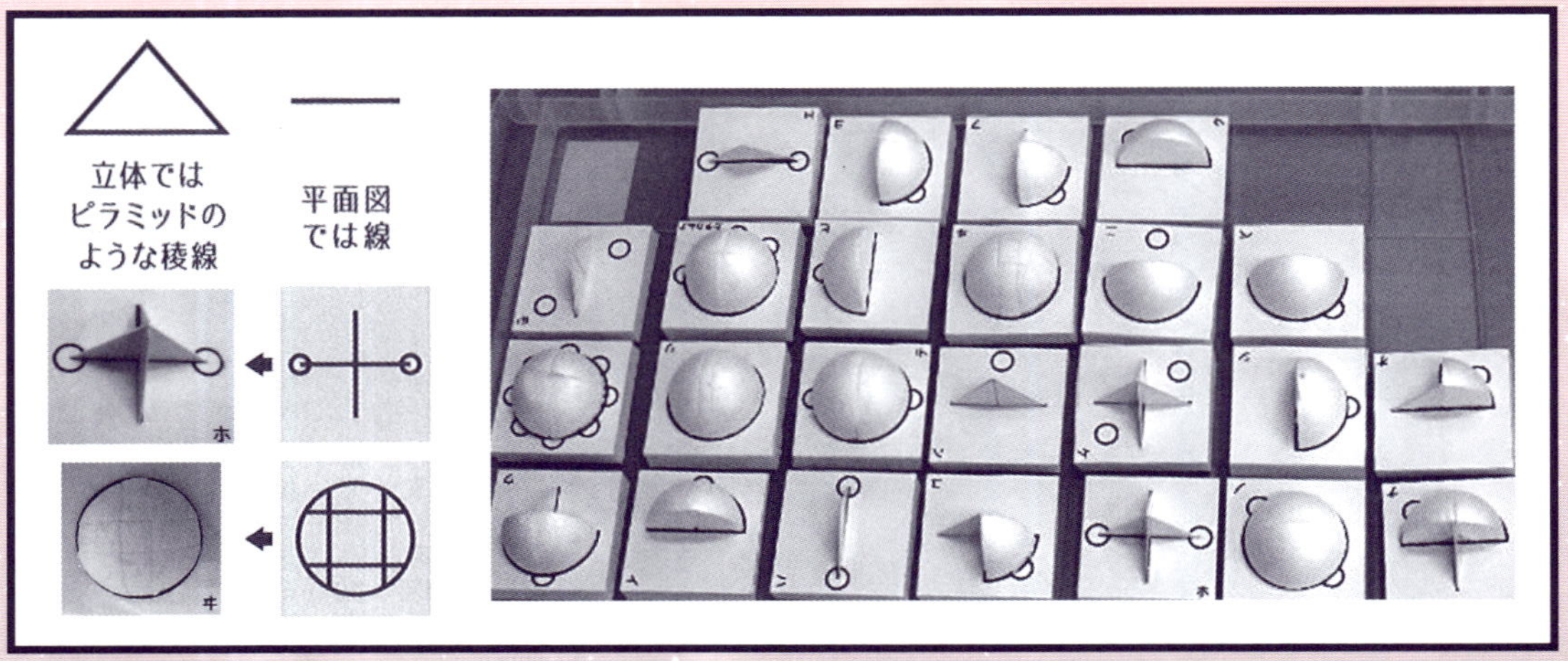

カタカムナ文字は三次元の立体文字？

カタカムナ文字は、小さな円とそれよりも大きな円、そして十字などの線でできています。驚くほどシンプルで無駄のないところが、この文字の最大の魅力です。意外なことに、バビブベボのような濁点や、パピプペポのような半濁点もありません。一見するとカタカナのルーツだったとは思えないかもしれませんが、それでも「サ」や「キ」のようにカタカナそのものである文字があり、現代のカタカナ48音図に当てはめることができます。

私はこの文字の奥深さに強く引きつけられました。「何かすごいものがある」と思わせるだけの要素があったのです。さらに興味を抱いたのは、カタカムナウタヒとよばれる80首の歌は、カタカムナ文字が渦巻き状に描かれていることです。ただ単に情報を伝えるだけなら、右回りのラセン状にする必要はないでしょう。

そこで私は、今私たちが使っている紙という二次元平面に書かれた文字と、カタカムナ文字は異なり、三次元立体文字としてつくられ、使われてきたのではないかと考えました。それを確かめるため立体模型を作成したところ、カタカムナ文字が立体文字として成立することを確認できたのです。

ルネッサンスの巨匠レオナルド・ダ・ヴィンチは、普通の文字以外に鏡に映して初めて読める「鏡文字」を使っていました。そのため、彼の脳の働きは常人のそれをはるかに超えていたようです。カタカムナ人が立体文字を使いこなしていたとすれば、ダ・ヴィンチと同じく彼らは高次元の脳を使い、高度な文明を築きあげていたと思われます。彼らはなんらかの方法で素粒子を見て、その形をそのまま文字にしたのではないでしょうか。

カタカムナ人はおそらくカタカムナ文字を脳のなかで立体に変換することで脳の働きを飛躍的に進化させ、特殊な能力を獲得していたのでしょう。その能力はカタカムナ文献の内容を読み解くことでわかってきました。

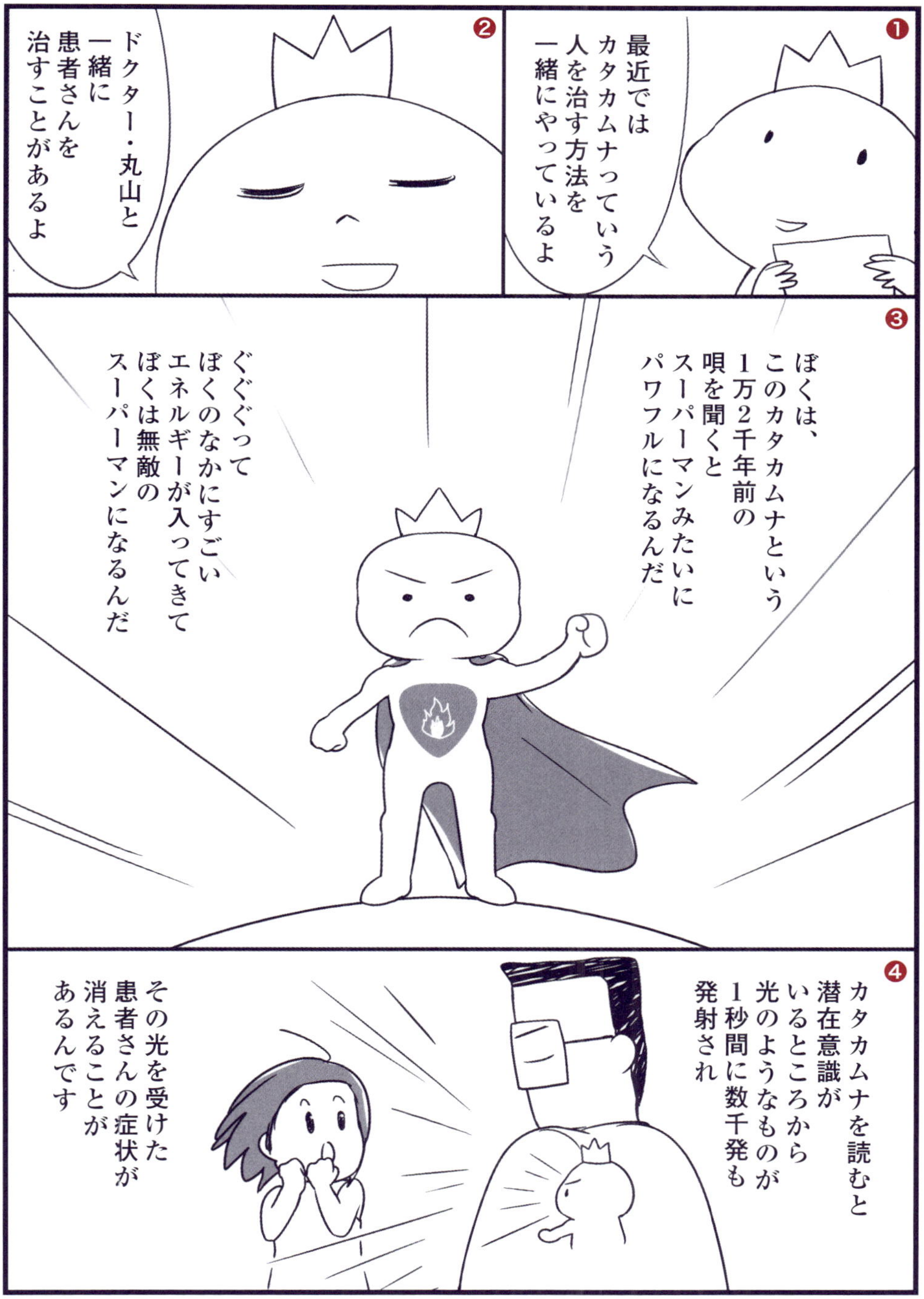
❶
最近では
カタカムナっていう
人を治す方法を
一緒にやっているよ
❷
ドクター・丸山と
一緒に
患者さんを
治すことがあるよ
❸
ぼくは、
このカタカムナという
1万2千年前の
唄を聞くと
スーパーマンみたいに
パワフルになるんだ
ぐぐぐって
ぼくのなかにすごい
エネルギーが入ってきて
ぼくは無敵の
スーパーマンになるんだ
❹
カタカムナを読むと
潜在意識が
いるところから
光のようなものが
1秒間に数千発も
発射され
その光を受けた
患者さんの症状が
消えることが
あるんです

なぞりましょう

カタカムナ文字 48音

カタカムナ文字は、現在の日本語のカタカナ48音にあてはめることができます。まずは、基本であるカタカムナ文字を1つずつ書いてみましょう。じょうずに書く必要も、書き方に決まりもありません。お手本を見ながら、気持ちを込めて丁寧に書くことが大切なのです。

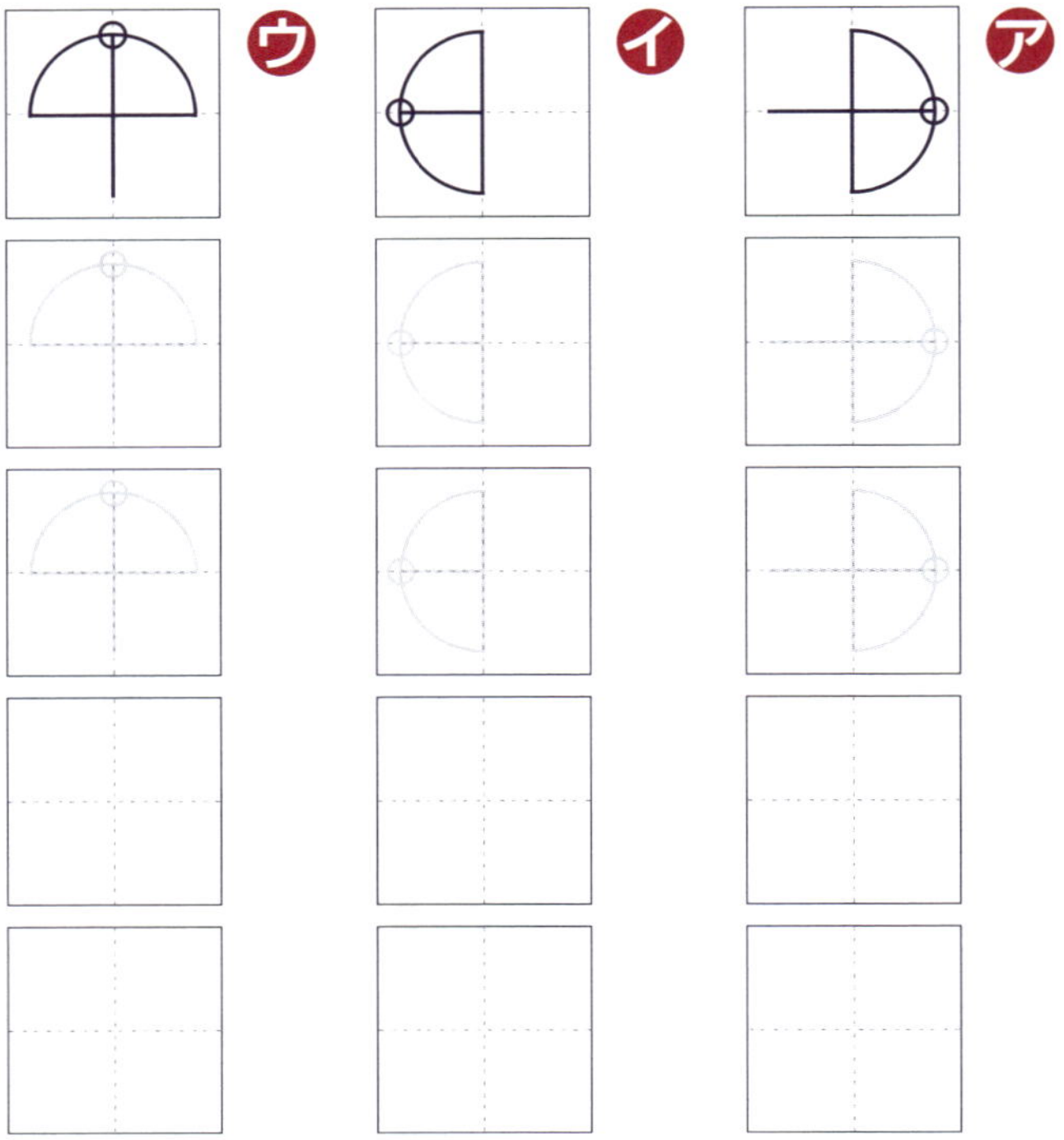

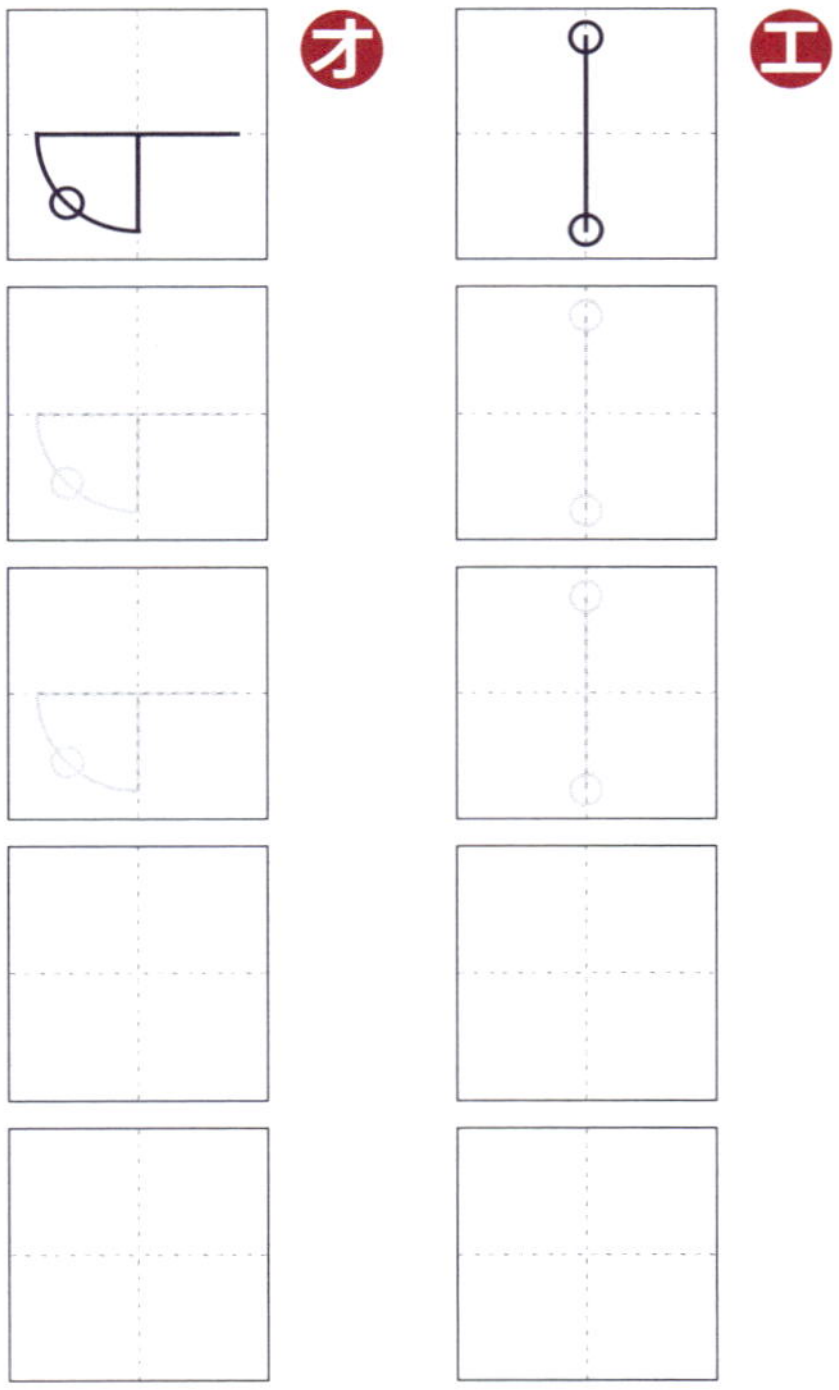

カ

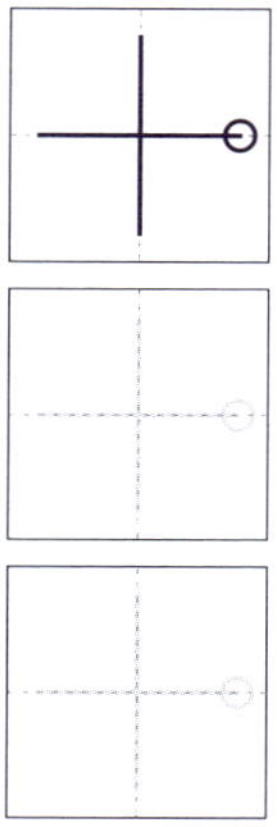

キ

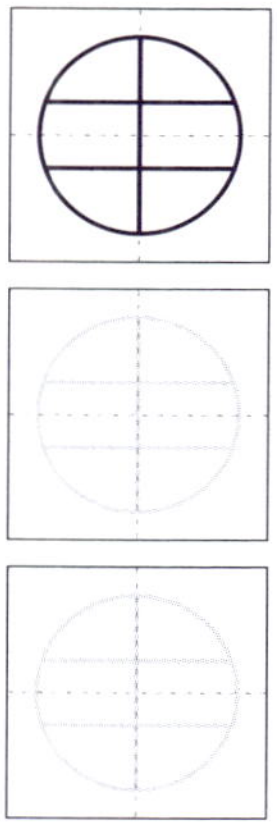

ク

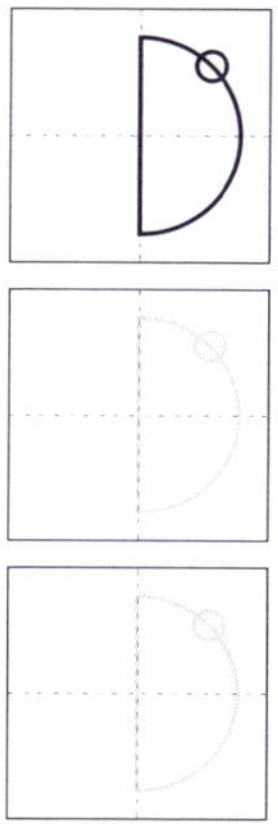

ケ

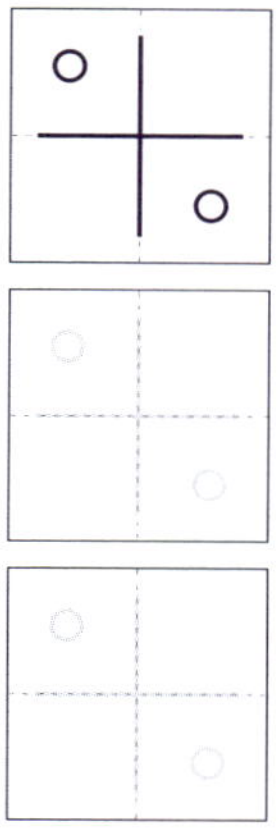

コ

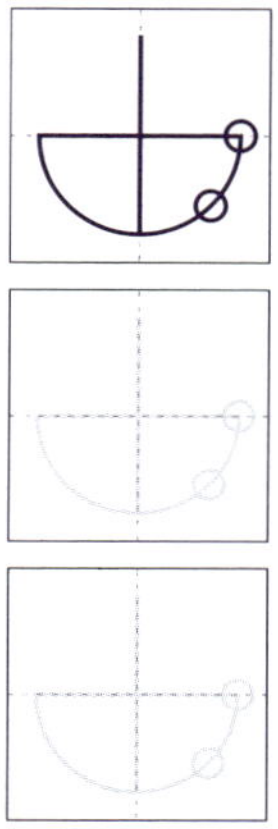

サ

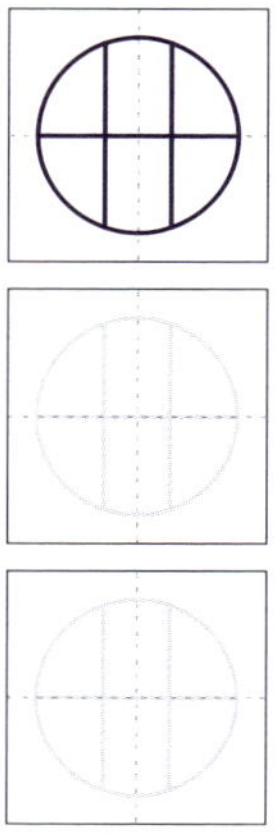

シ

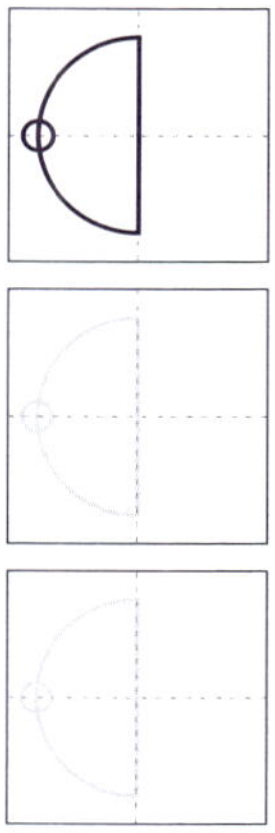

ス

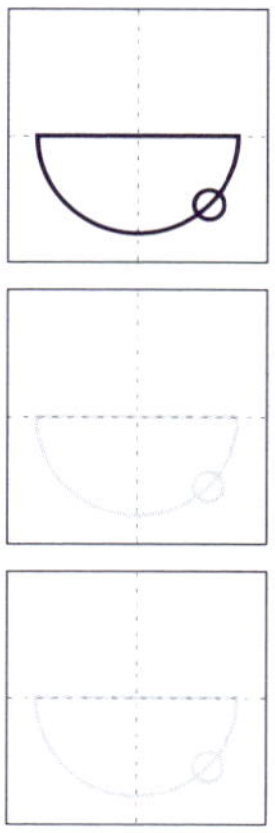

セ

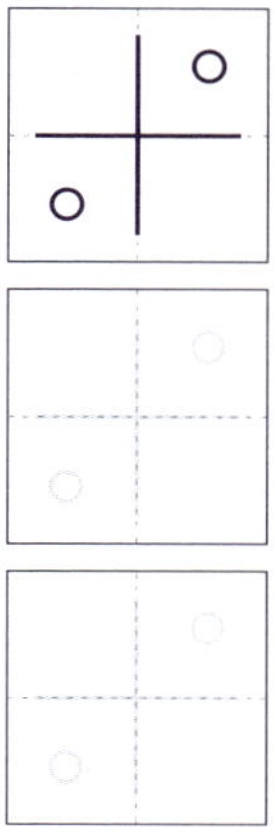

ソ

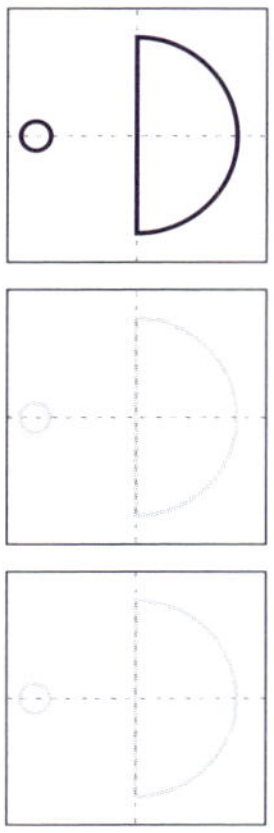

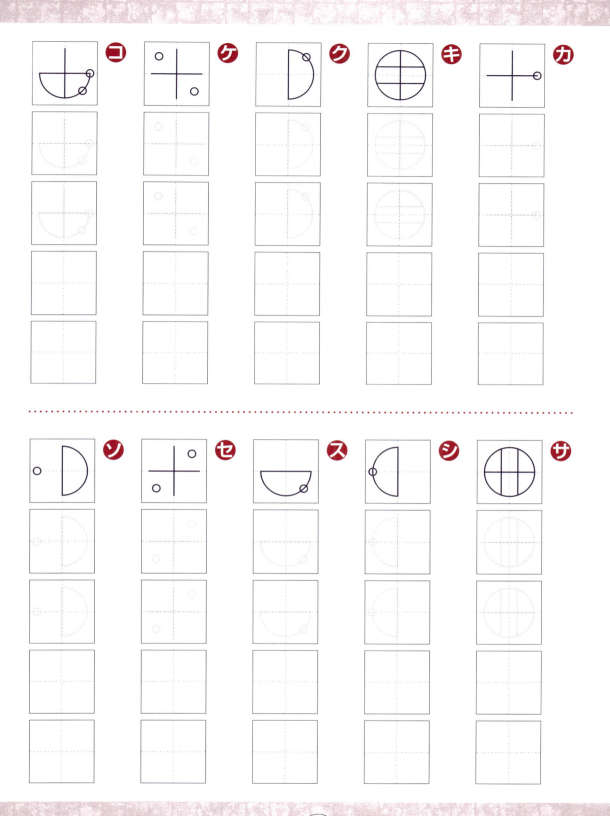

タ

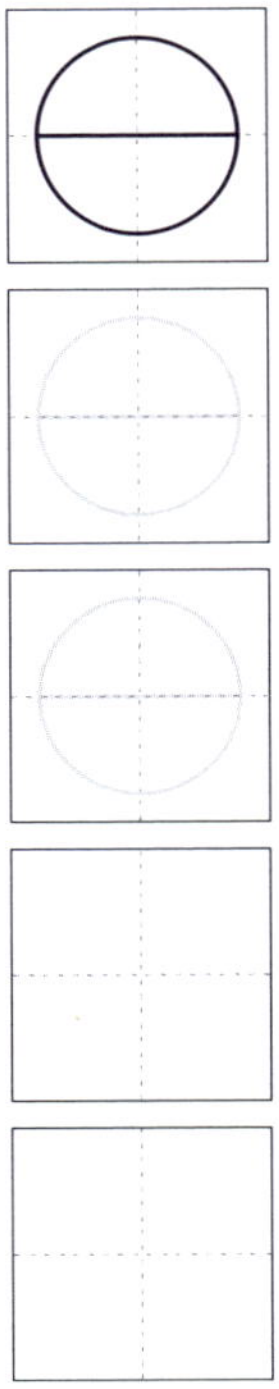

チ

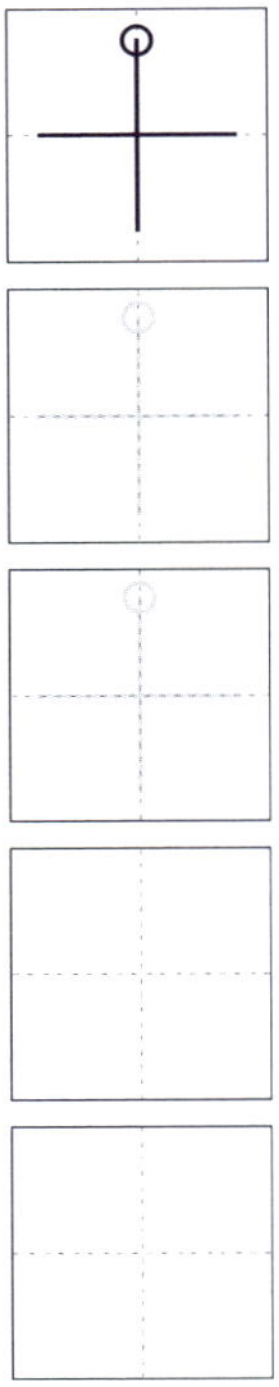

ツ

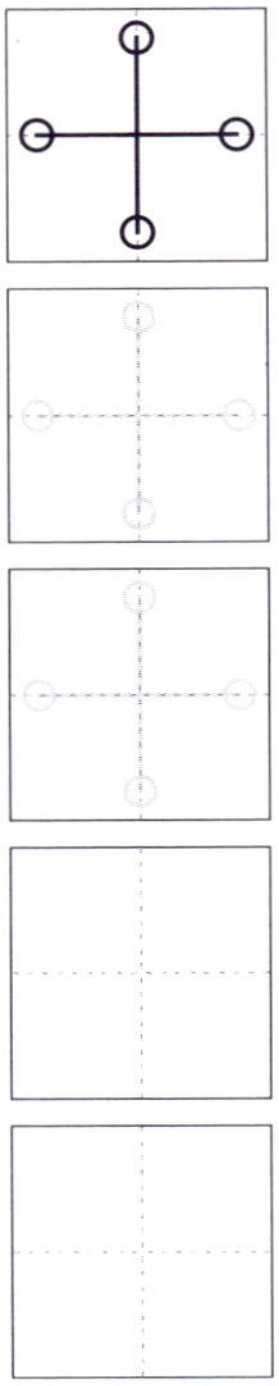

テ

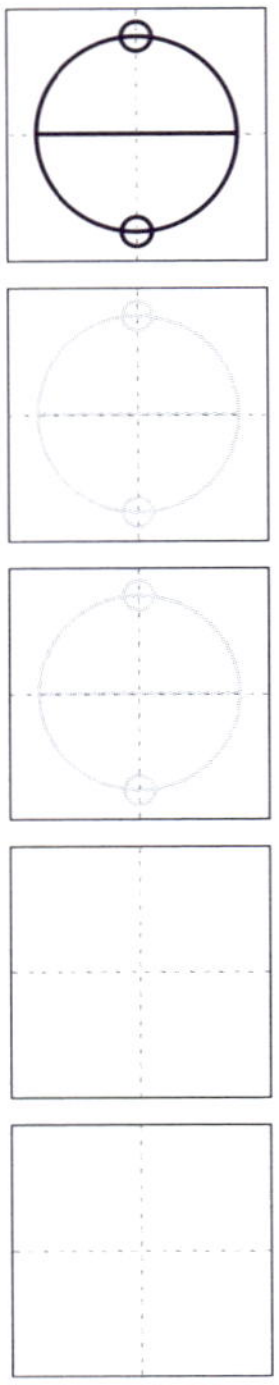

ト

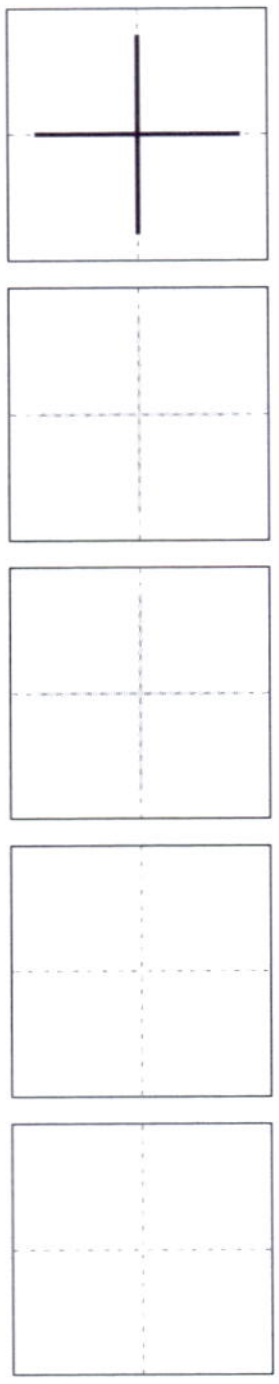

ナ

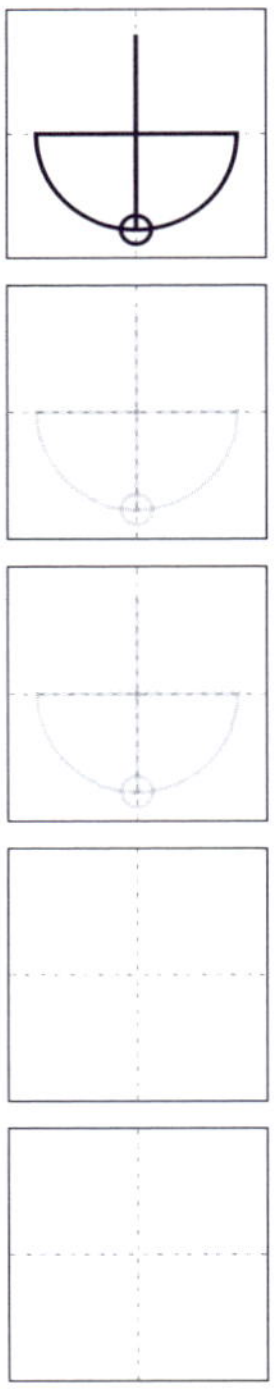

ニ

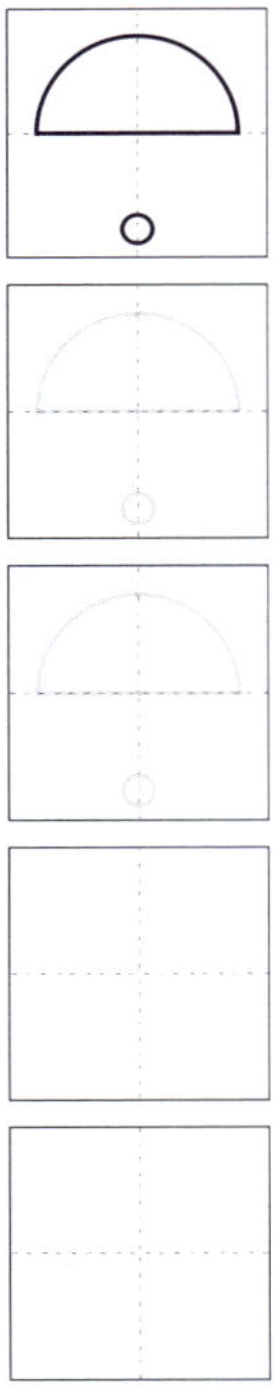

ヌ

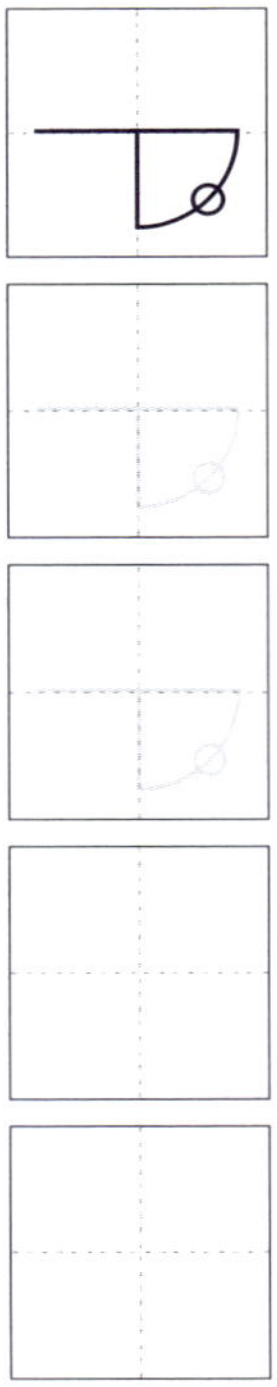

ネ

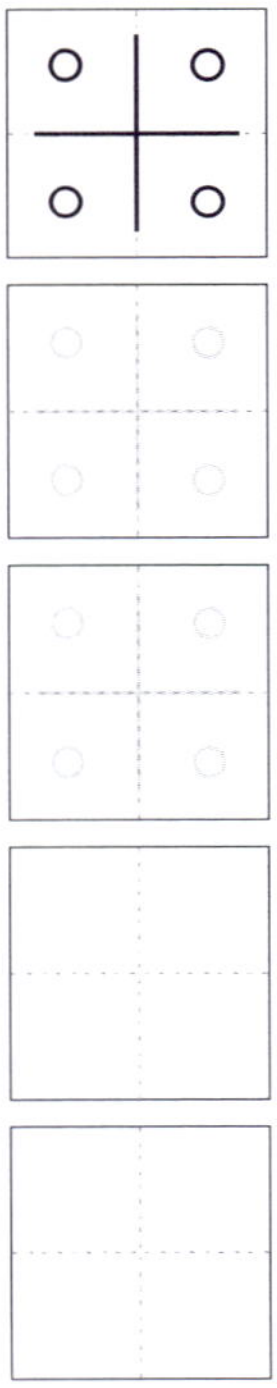

ノ

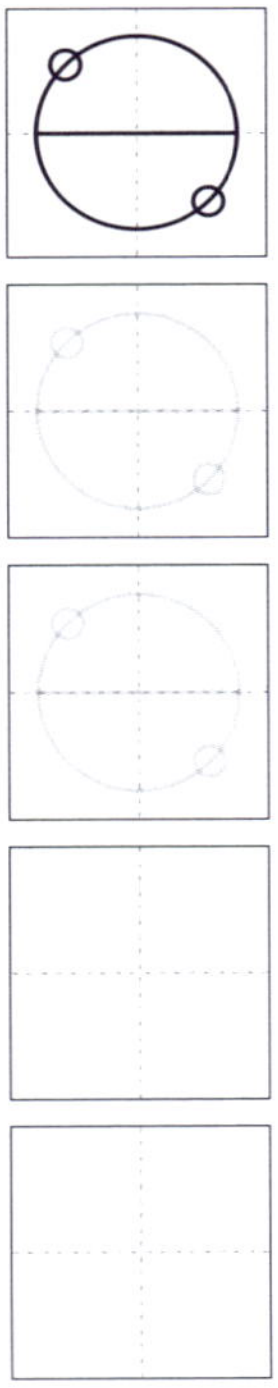

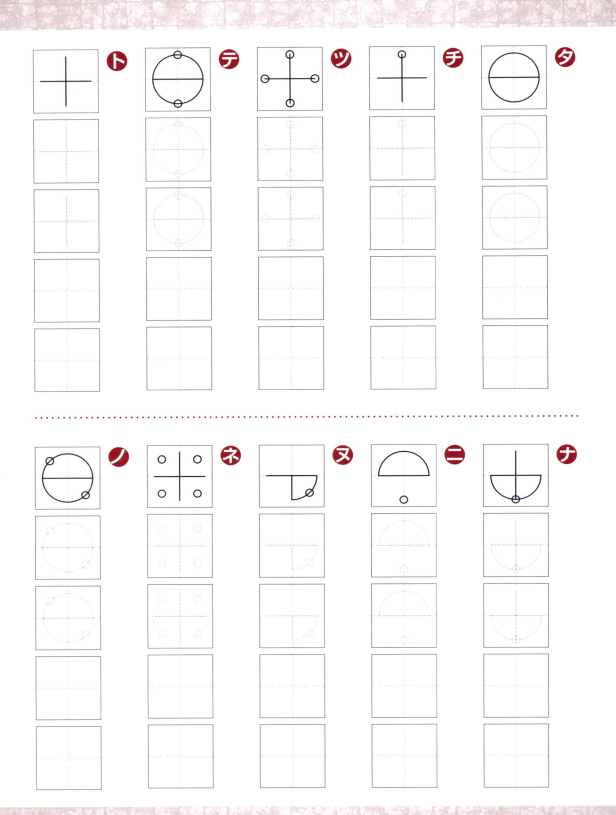

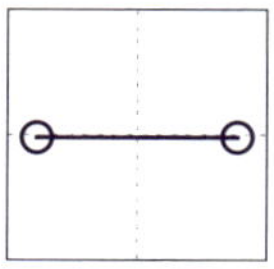

ハ

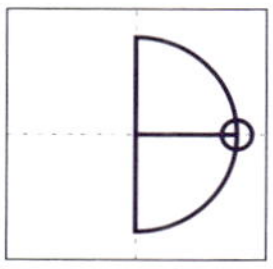

ヒ

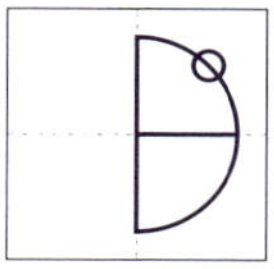

フ

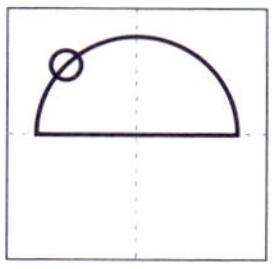

ヘ

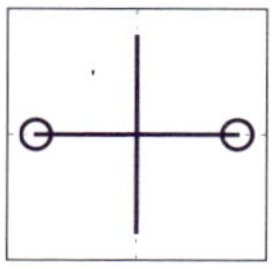

ホ

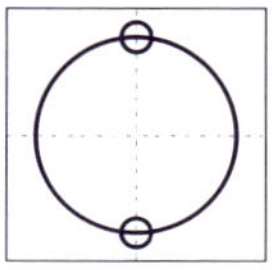

マ

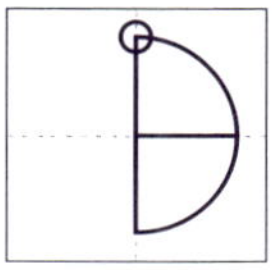

ミ

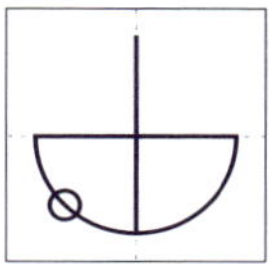

ム

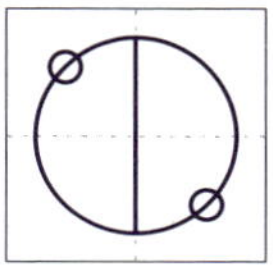

メ

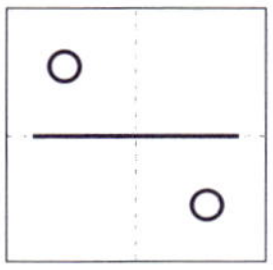

モ

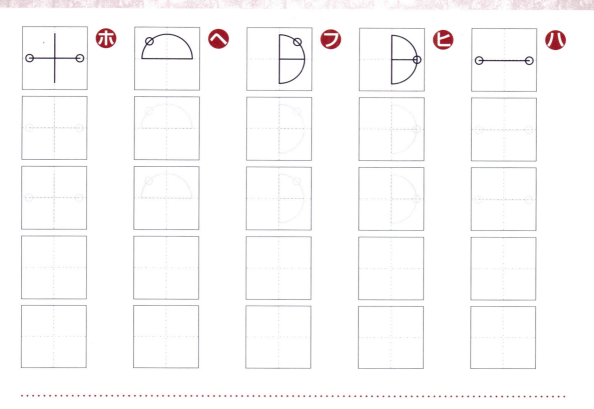

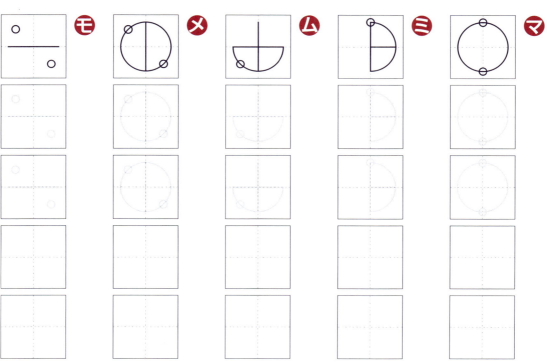

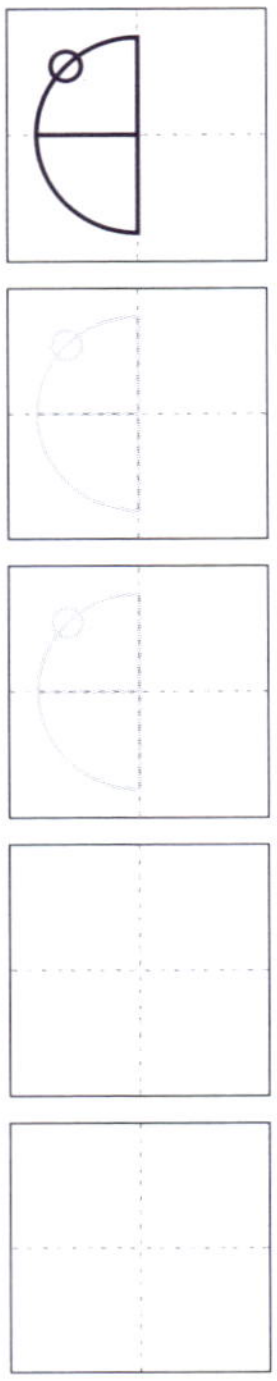

ヨ

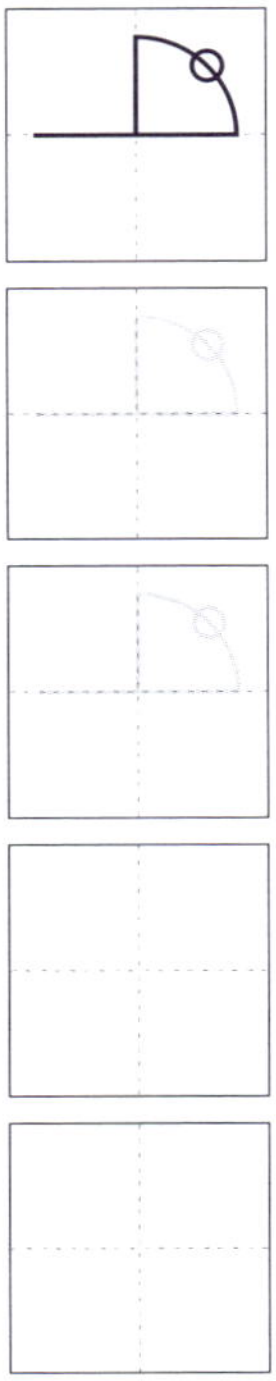

ア

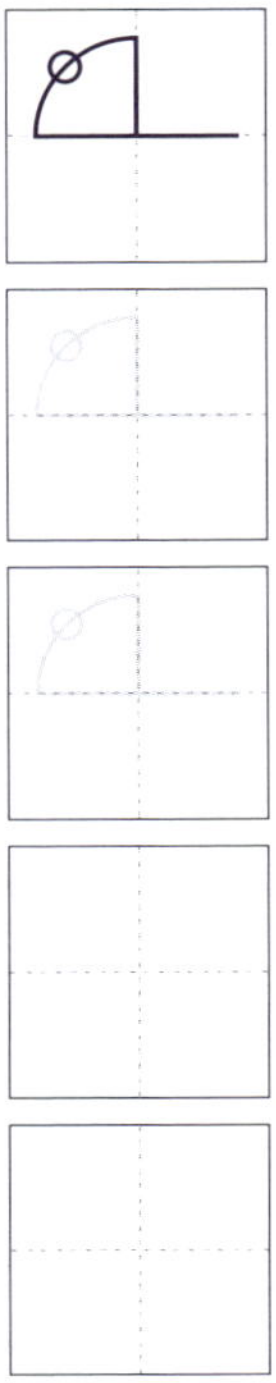

ユ

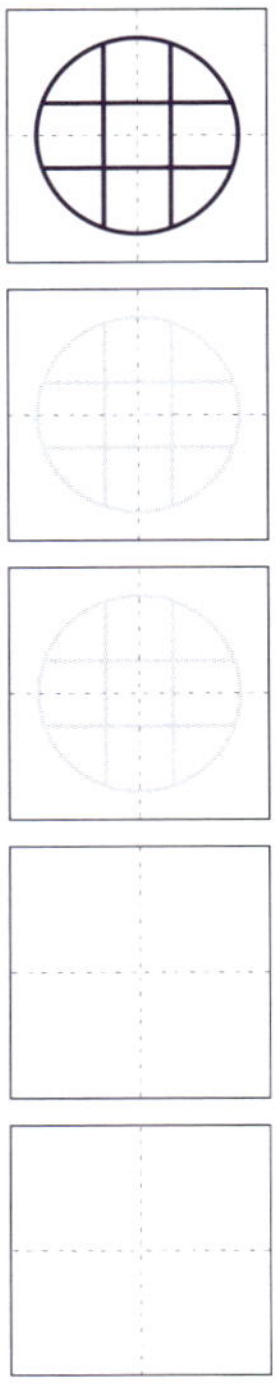

ヰ

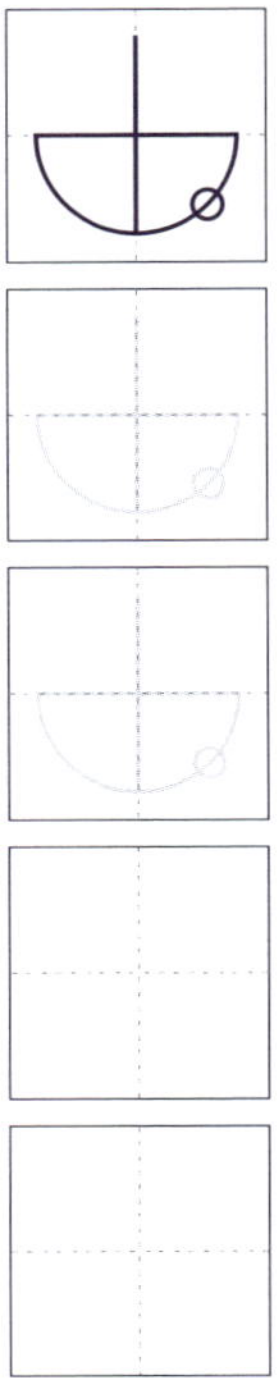

ヤ

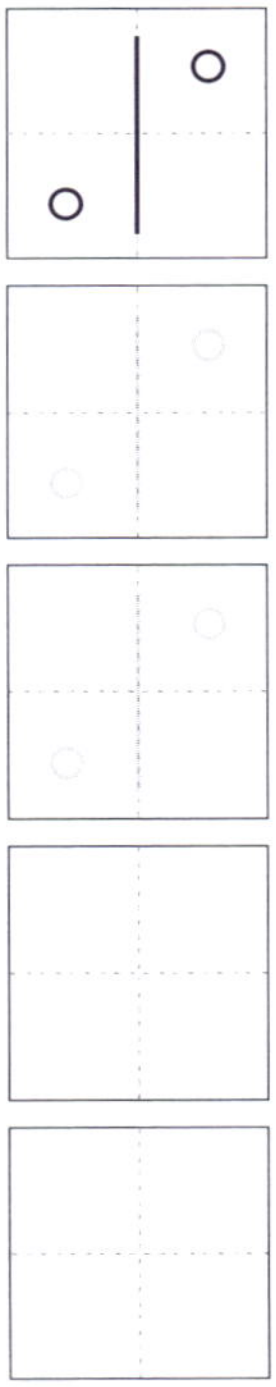

ロ

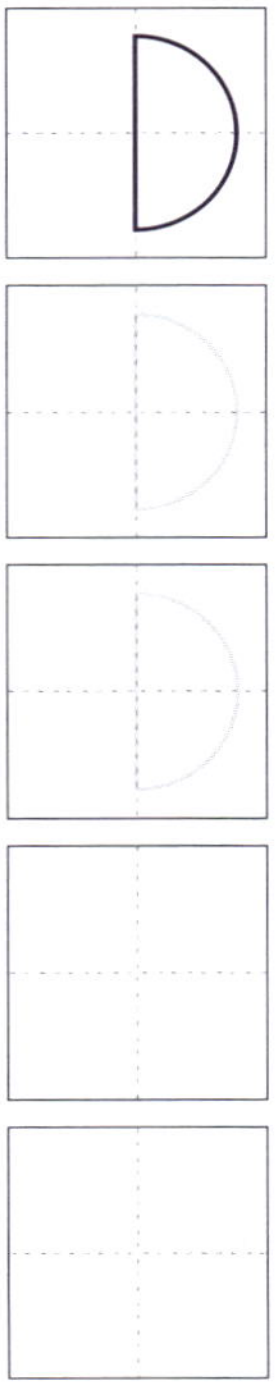

レ

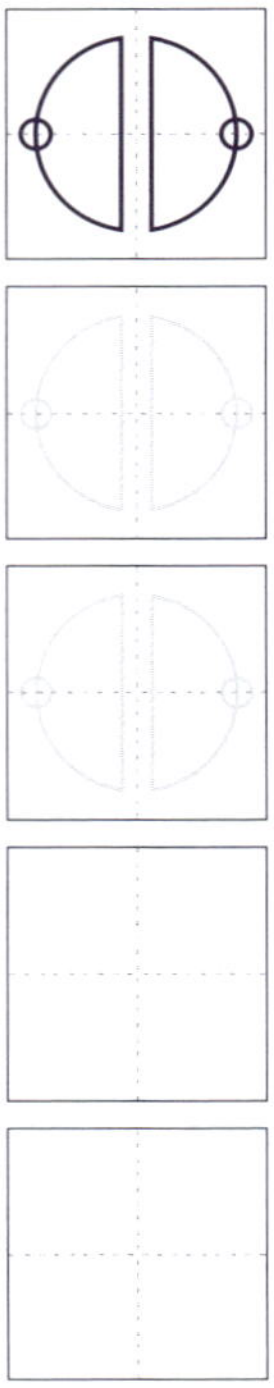

ル

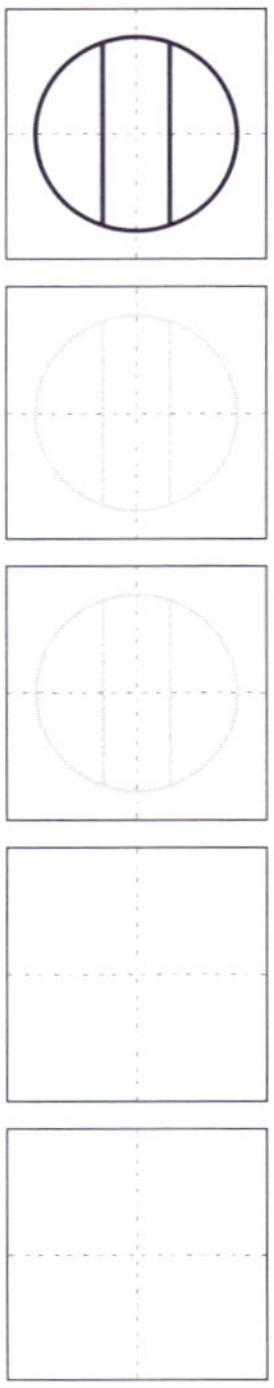

リ

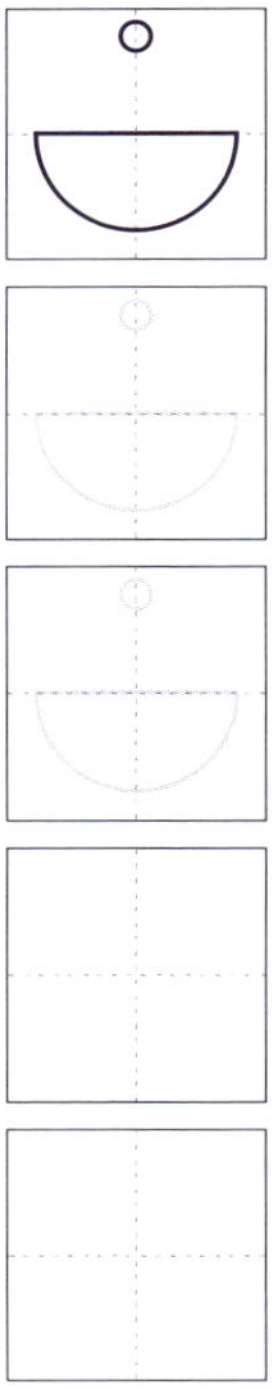

ラ

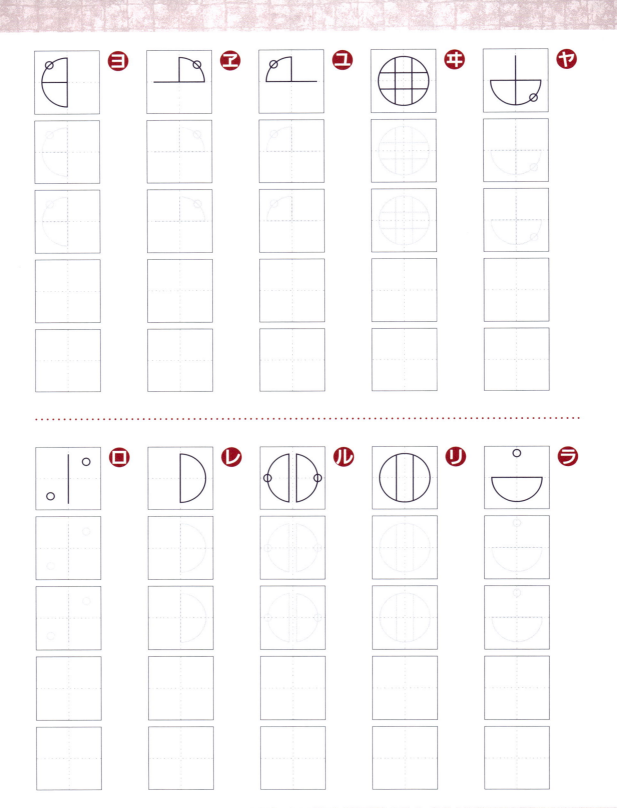

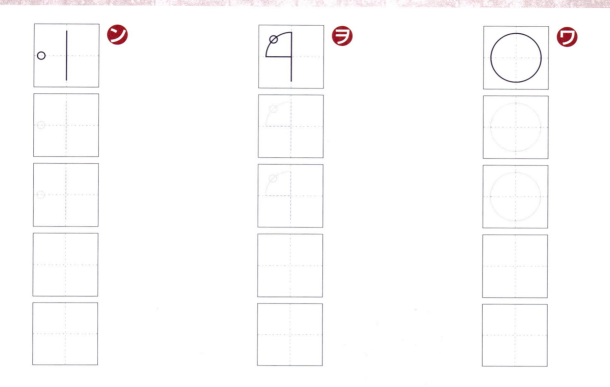

ワ

ヲ

ン

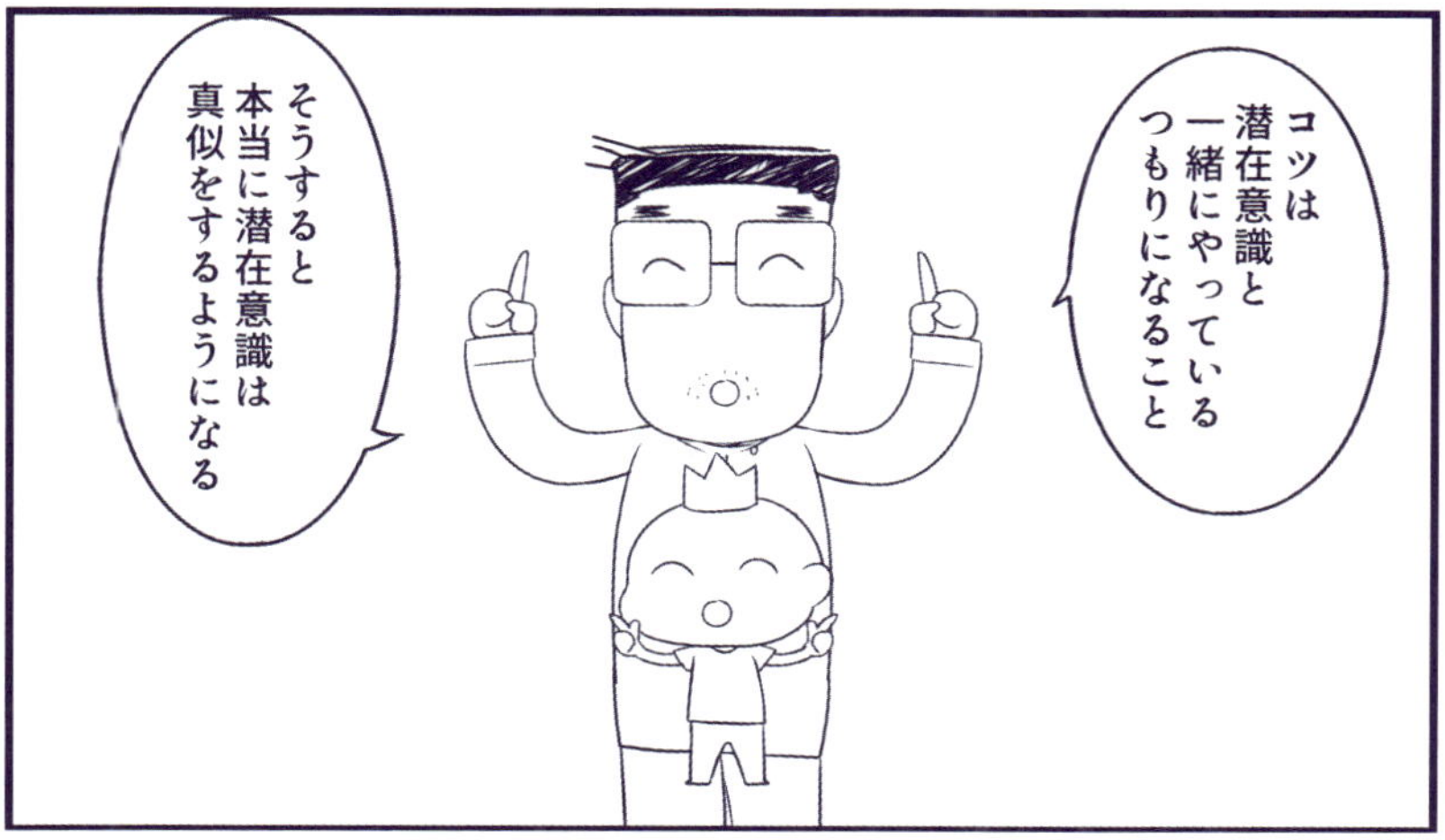

カタカムナウタヒとは？

カタカムナ文字でつづられたカタカムナ文献には、
和歌に似たリズムを持つカタカムナウタヒが記されていました。
その特徴と驚くべき内容を紹介しましょう。

カタカムナ人が自分たちの知識や文化を記したものを「カタカムナウタヒ」といいます。その特徴は、5・7・5・7・7の和歌に似たリズムを持っていることで、全部で80首あります。

驚くべきは、カタカムナ文献に天文学や生命のしくみ、現代の最先端科学である量子力学、土地改良の仕方、病気の治し方などが書かれていたことです。このような内容から、上古代に現代科学をはるかにしのぐ高度な文明があったことがうかがえます。カタカムナウタヒに記されていることは「人類の至宝」といえるでしょう。

じつはカタカムナウタヒは人を癒やす奇跡的なパワーを秘めています。私が初めてカタカムナウタヒの第5首を唱えたとき、私の周りに半径2・5メートルほどの目に見えない不思議な球体（ミスマルノタマ）があらわれました。やがてそれは第5首を唱えるたびに間違いなくあらわれることがわかりました。球体のなかにいると体は熱くなり、手や指先がジンジンしてきました。そのため球体は目に見えなくても、そこにあることがわかるようになったのです。

それ以降、不調がある患者さんにこの球体のなかに入ってもらうと、ほとんどの人が「体が温かくなった」と話し、それまで感じていた症状がなくなっていったのです。この球体は、おそらく四次元以上の高次元空間から来ると考えられます。

ウタヒの中心図形

カタカムナウタヒが描く渦の中心にはかならず図形があります。
中心図形は３種類あり、それぞれ名前がつけられています。
中心図形の意味を説明しましょう。

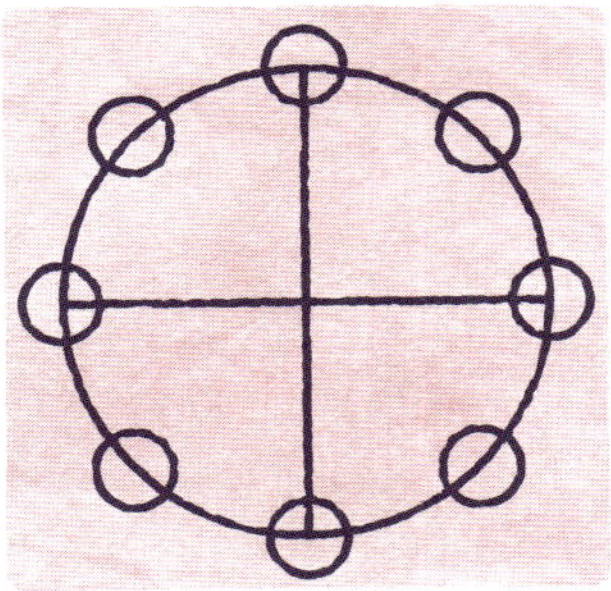

中心図形 ヤタノカガミ

最も多い中心図形。「三種の神器」の1つであるヤタノカガミ（八咫鏡）は万物創造の源であることから「ヤタノカガミはカタカムナの神」という意味。言葉と共鳴し、万物を創造する働きを持っています。

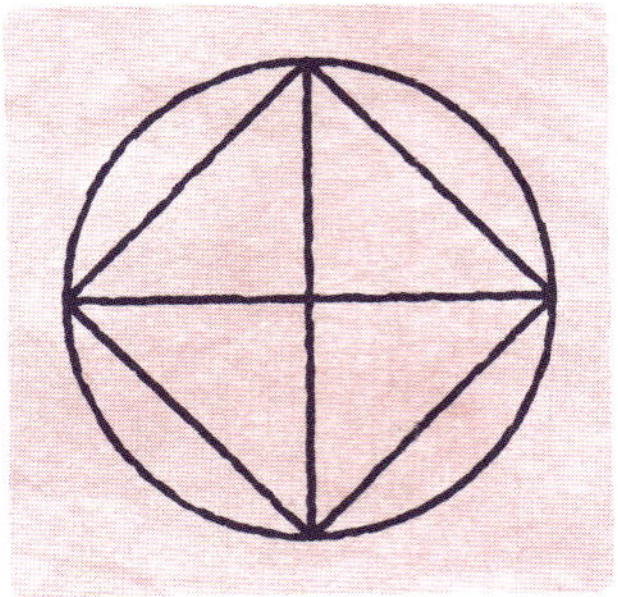

中心図形 フトマニ

2番目に多い中心図形で、ひし形に＋の図像は立体のピラミッドを上から見て平面にあらわしたもの。四次元世界の物質をつくる元になる素粒子を、三次元世界へとつなぐ役割を持つ図形です。

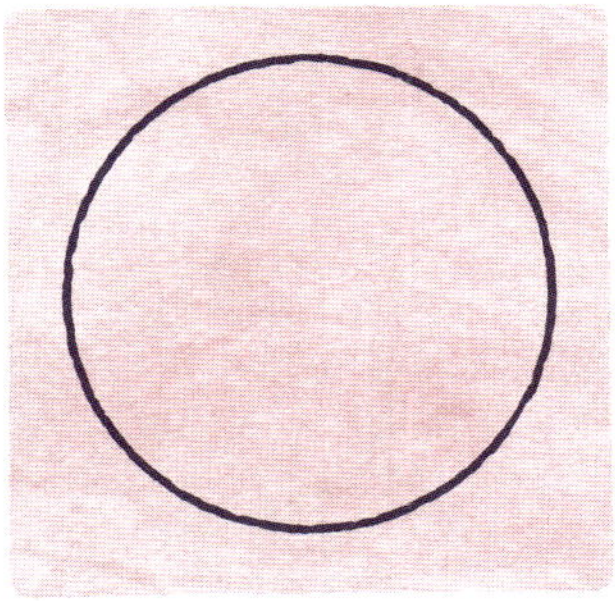

中心図形 ミクマリ

3つのうち最も少ない中心図形。形は円でなく球体を描いており、母胎をあらわしています。また、すべてを生み出す象徴であり、「あらゆる要素が和して、あらゆるものが発生する」状態を示しています。

負のカタカムナの発見

負のカタカムナ文字は、中心の図形のヤタノカガミから正のカタカムナ文字を引いたものになります。

例えば、

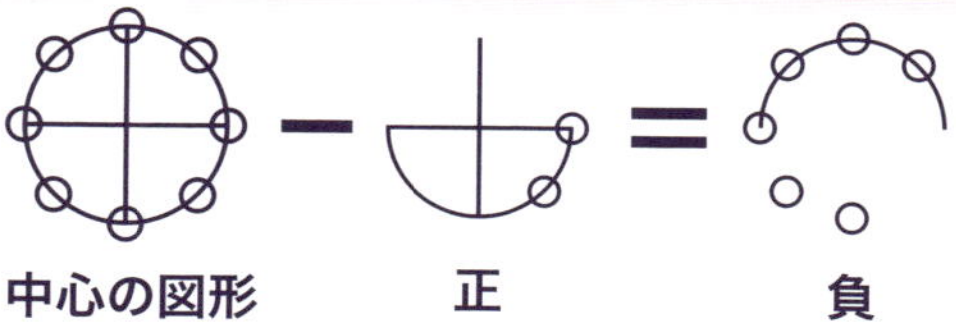

の様になります。

正のカタカムナと負のカタカムナを背中合わせにして使うために反転しています。

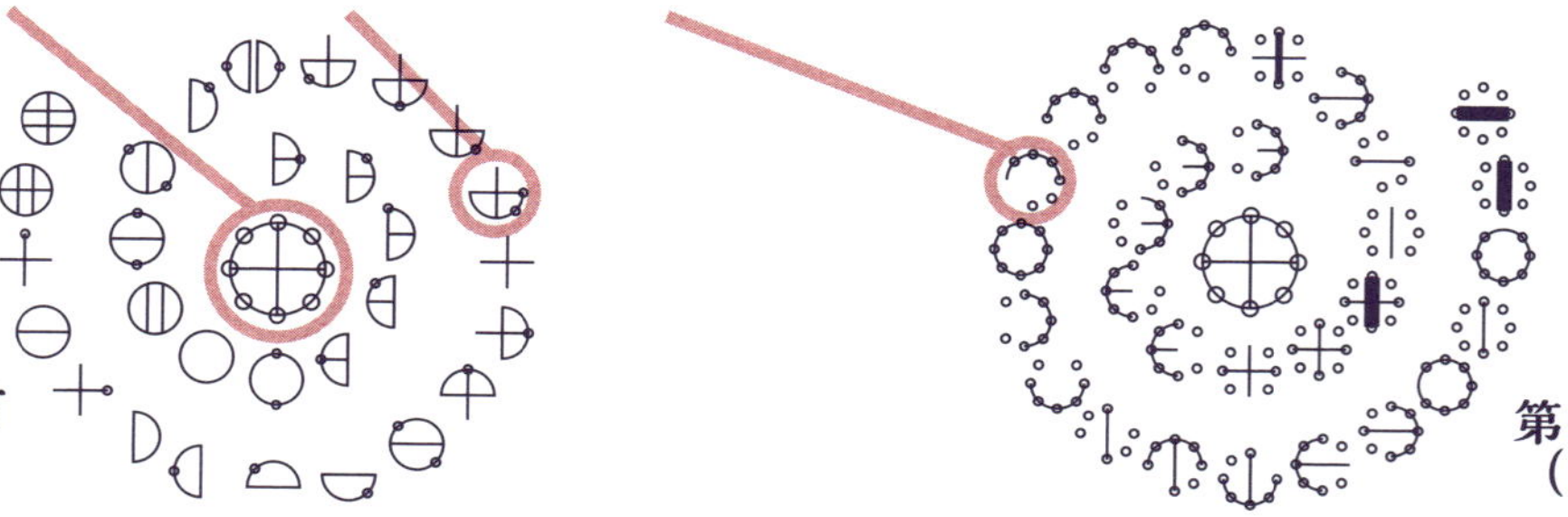

第５首（正）

第５首（負）

カタカムナ文献には「宇宙は陰と陽、男と女、光と影、正と負というようにペアで成り立っているのが原則」と記されています。そのとおりであれば、カタカムナウタヒの一首一首には、ペアになるカタカムナウタヒがあるはずだと私は考えました。

最初はペアのカタカムナウタヒを見つける方法がわかりませんでしたが、カタカムナウタヒの第5首を毎日唱えていると、そのなかにある「カタチサキ」という言葉には「形が先」という意味のほかに「形を割く」という意味もあることに気づいたのです。

なにから「形を割く」のかを調べるうちに、第2首の「ヤタノカガミ　カタカムナ　カミ」とあるので、多くのウタヒの中心図形に使われている「ヤタノカガミ」から、（正）のカタカムナ文字を割く（引く）ことだと解釈しました。

実際にヤタノカガミから（正）のカタカムナ文字のパーツを引き、48文字の「負のカタカムナ文字」を独自に導き出しました。そこから80首分の「負のカタカムナウタヒ」を作成し、「正のカナカムナウタヒ」とペアにしたのです。

すると正と負のカタカムナウタヒがペアになることで、見えない世界（四次元世界）と見える世界（私たちの住む三次元世界）に双方向性のつながりが生まれ、2つの世界は活発に交流しはじめたのです。見えない世界から見える世界への入り口が「正のカタカムナウタヒ」であり、見える世界から見えない世界への入り口となるのが「負のカタカムナウタヒ」だと私は考えています。

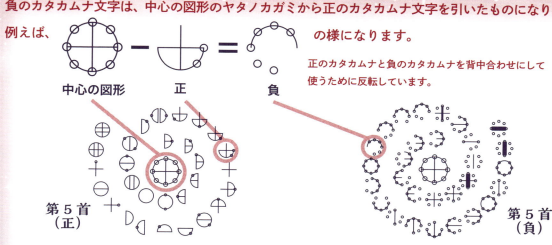

黄金ラセンの力

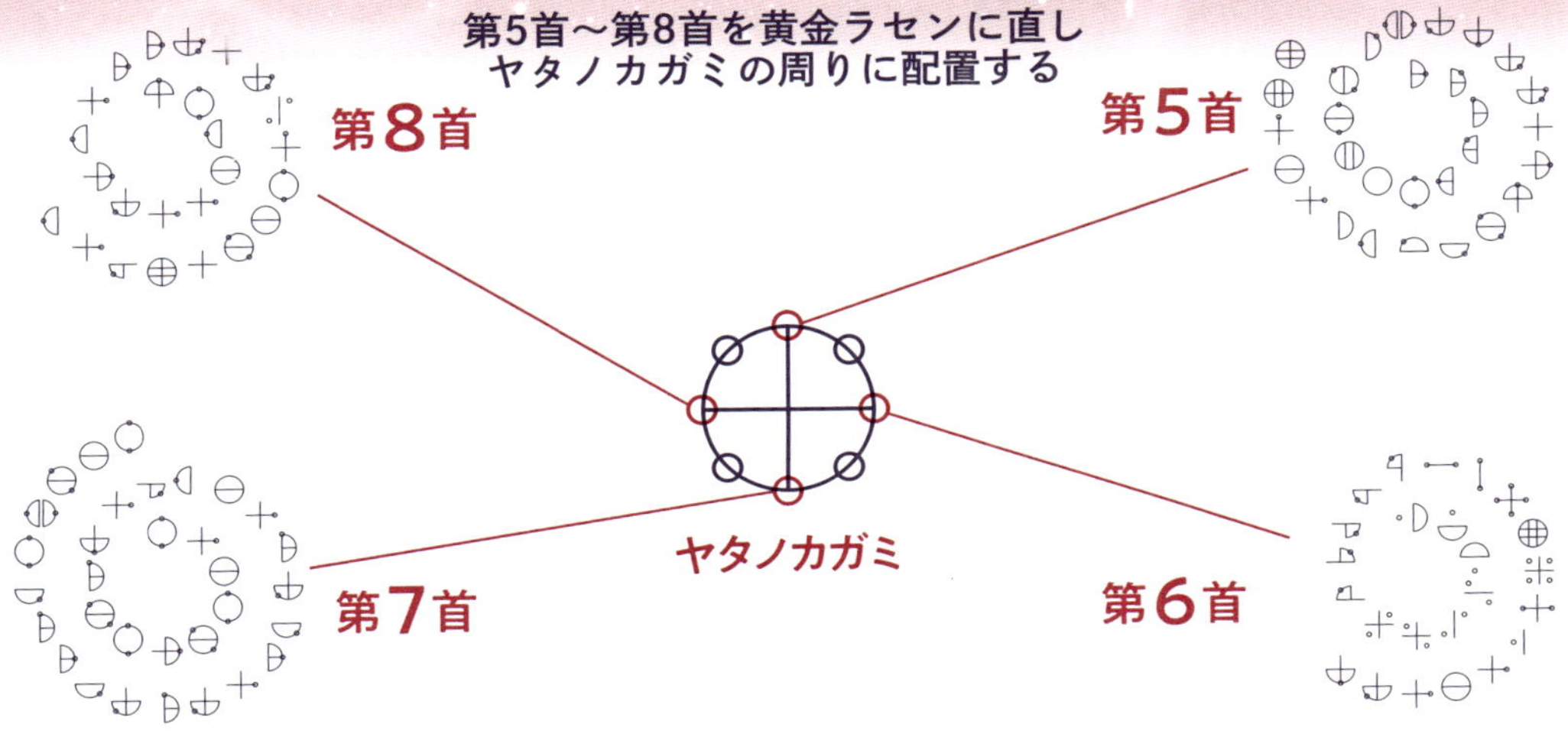

カタカムナウタヒは右巻きの渦、ラセン状に書かれています。それはなぜなのか？　ただ内容を伝えるだけならまっすぐ書いた方が読みやすい。それをあえて右ラセンに書いたのには意味があるのです。

ウタヒのラセンは黄金比からつくられた「黄金ラセン」なのでは？　と考えるようになりました。黄金比や黄金ラセンというのは、エネルギーや情報を四次元から三次元世界に伝達する働きがあるといわれ、さらには植物の成長具合やDNAの形をもコントロールする自然界の支配的な比率のことです。

楢崎氏が書き写した元のウタヒは黄金ラセンで書かれていなかったので、黄金ラセンに書き直せばさらなる力が生まれるのでは？　と1つのウタヒのみをそのようにつくり直してみると結果はその真逆。今まであった力が失われ、別のウタヒでも試しましたがうまくいきませんでした。

ある日私は中心にあるヤタノカガミの東西南北にあたる4つの小円が気になるようになり、その1つ1つに第5首、第6首、第7首、第8首のカタカムナウタヒを配置してみたらどうか、とひらめきました。しかしもともとのラセンのままでその4首を配置すると、文字が重なり合ってしまいダメでした。そのとき、黄金ラセンに書き直した4首を配置したらどうだ？　ふと私は考えたのです。すると4つのウタヒは重なり合うことなく美しい図形があらわれ、消えた力が何倍にもなって戻ってきたのです。やはりウタヒは黄金ラセンで、四次元世界とつながりやすい姿に変えたことで強い力が生まれたのだと考えています。

なぞりましょう

負のカタカムナ文字 48音

正と負のカタカムナ文字は対の関係になっているので、負のカタカムナ文字も48音あります。こちらも1文字ずつなぞっていきましょう。負のカタカムナ文字には太い線のようなところがあります。そこはぬりつぶすようにしてなぞり書きをしてください。

ア

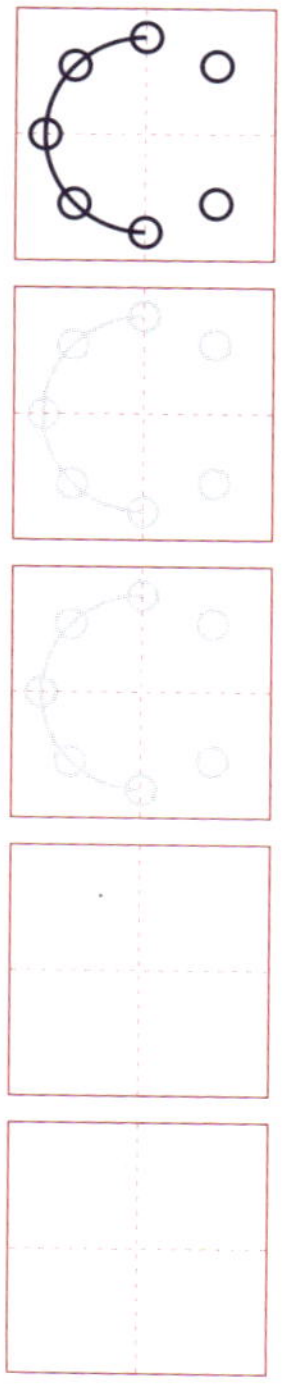

イ

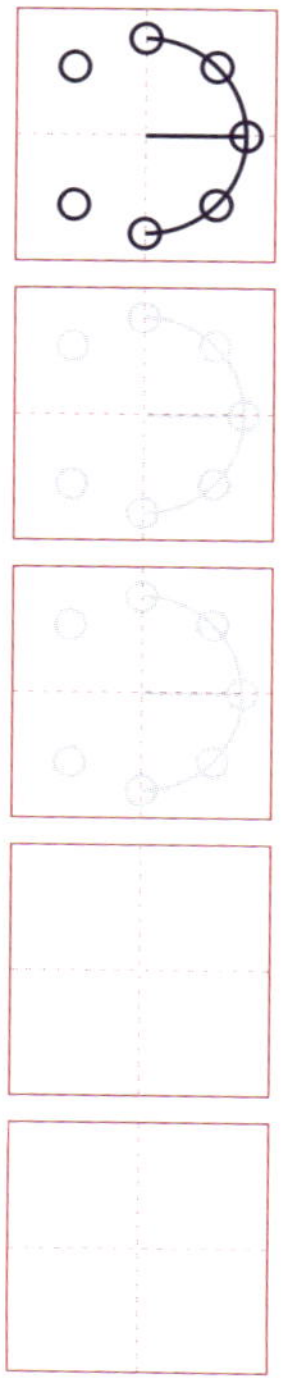

ウ

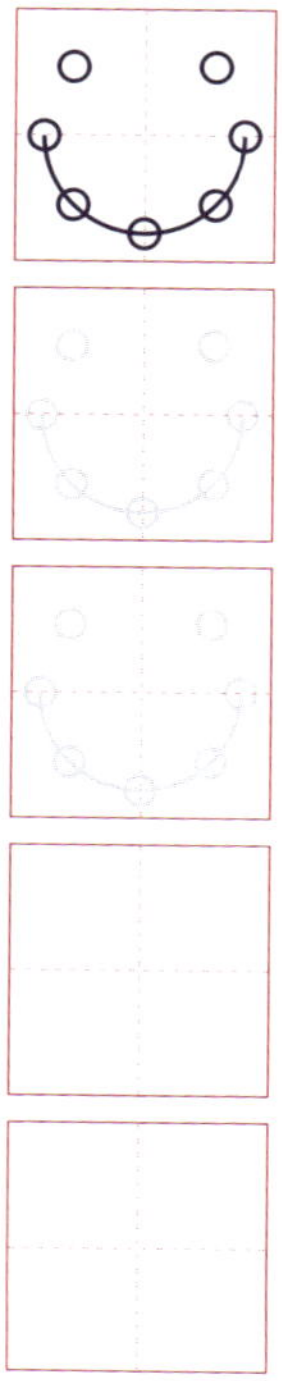

エ

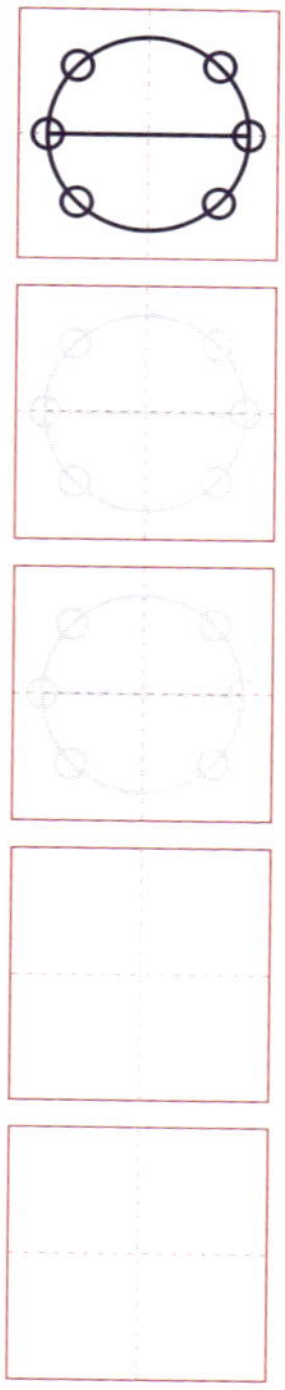

オ

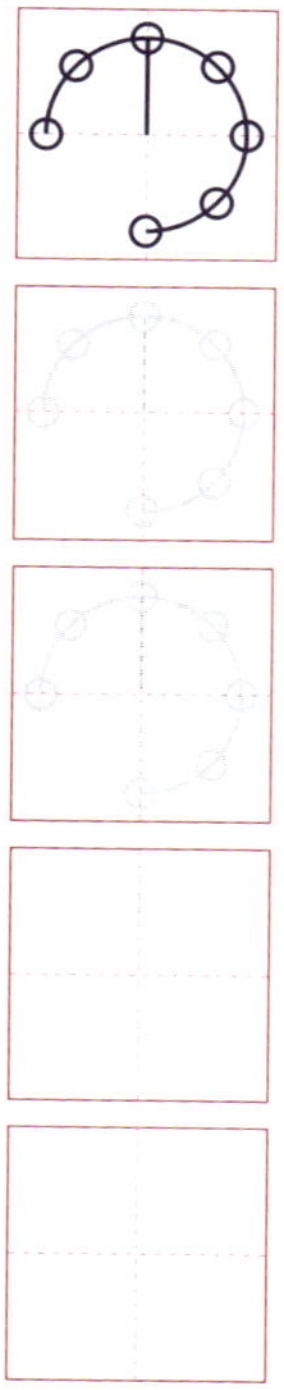

カ

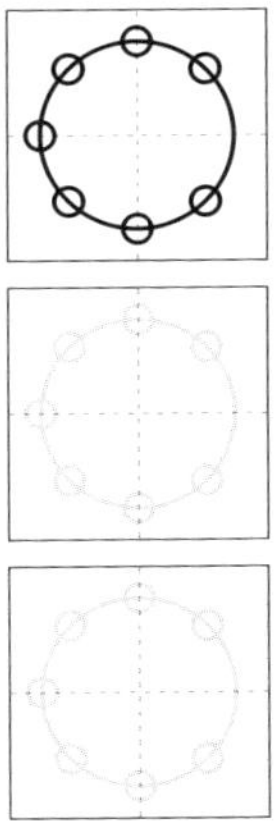

キ

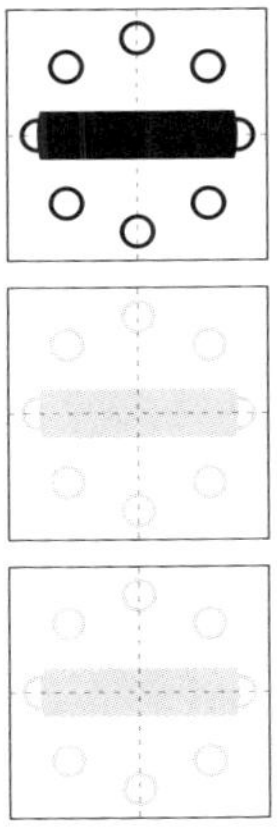

ク

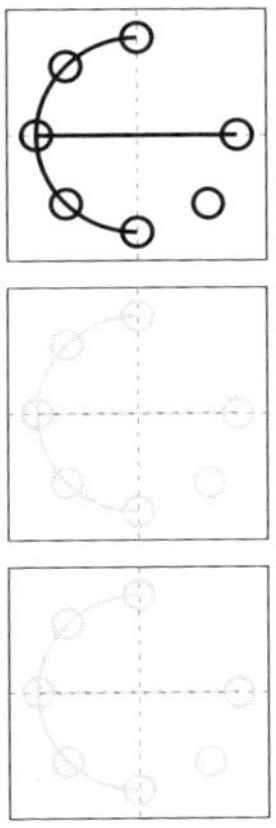

ケ

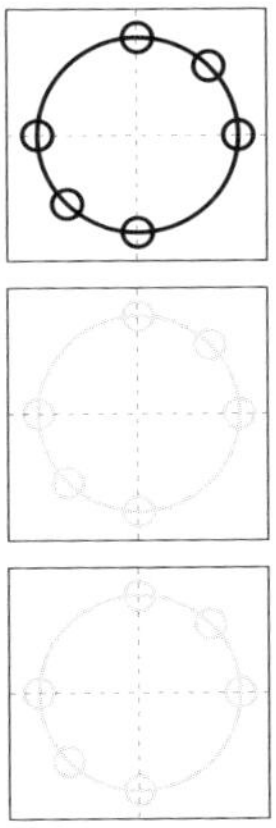

コ

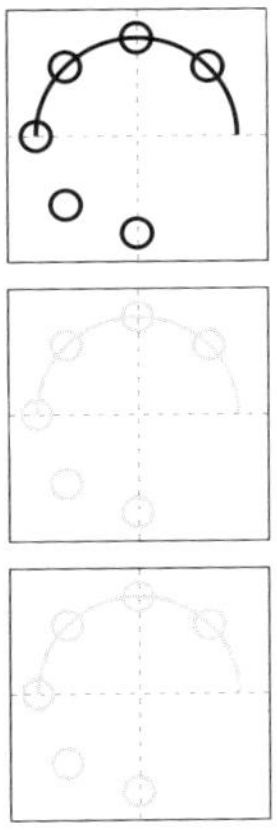

サ

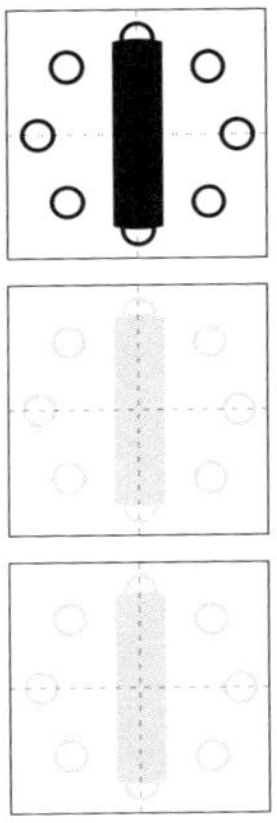

シ

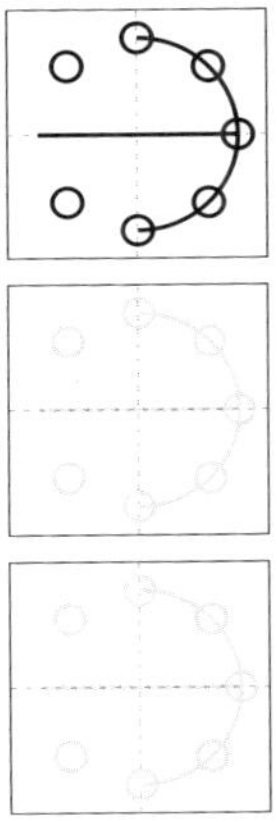

ス

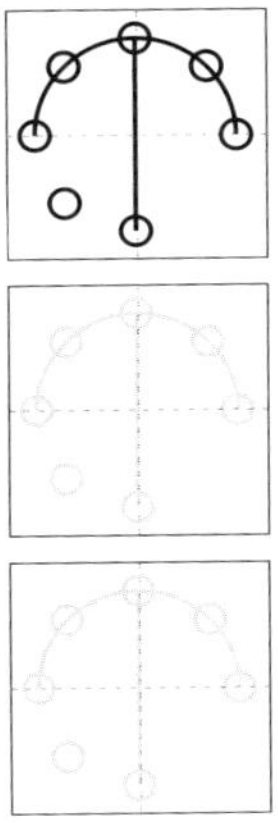

セ

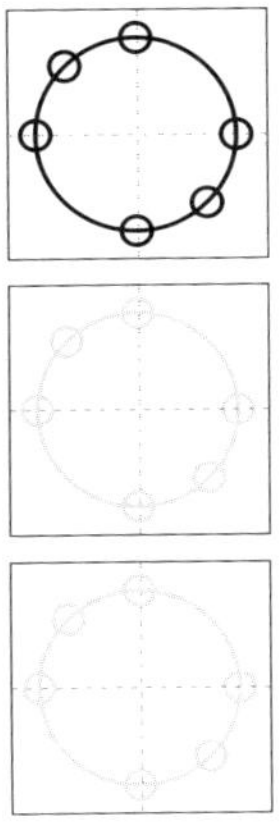

ソ

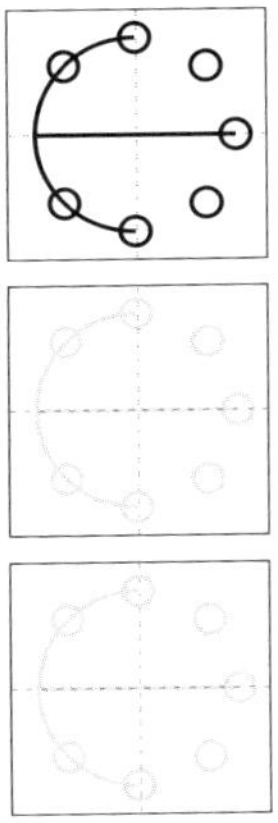

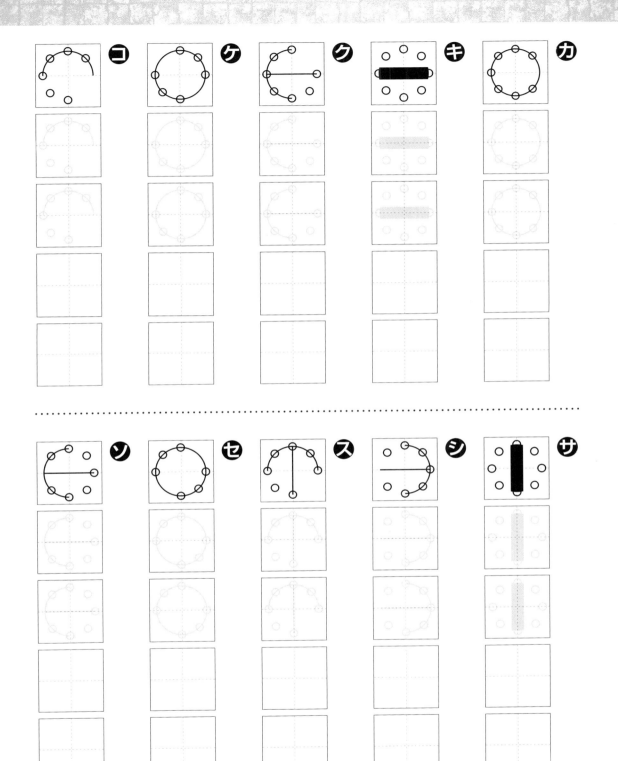

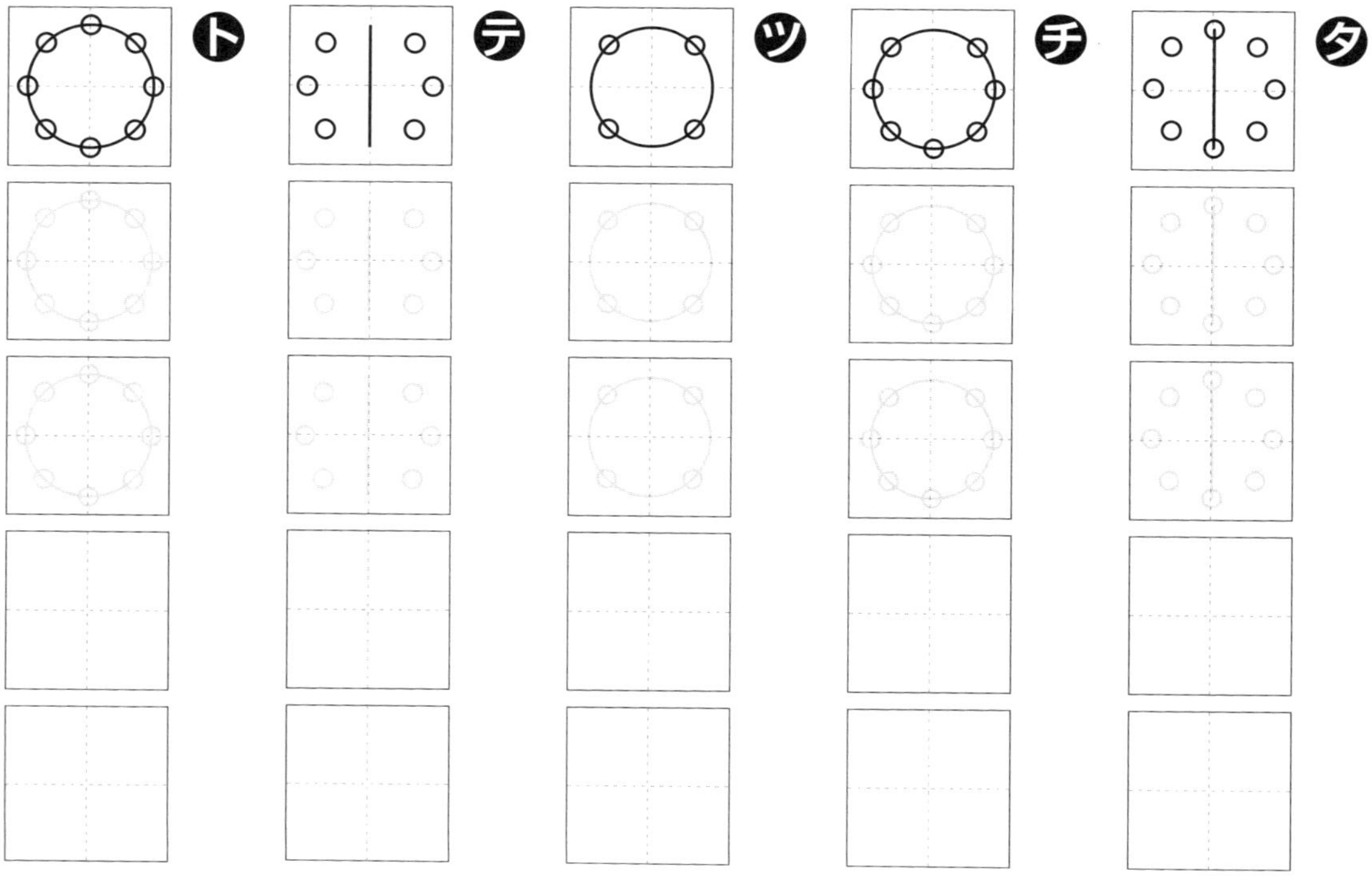
タ
チ
ツ
テ
ト

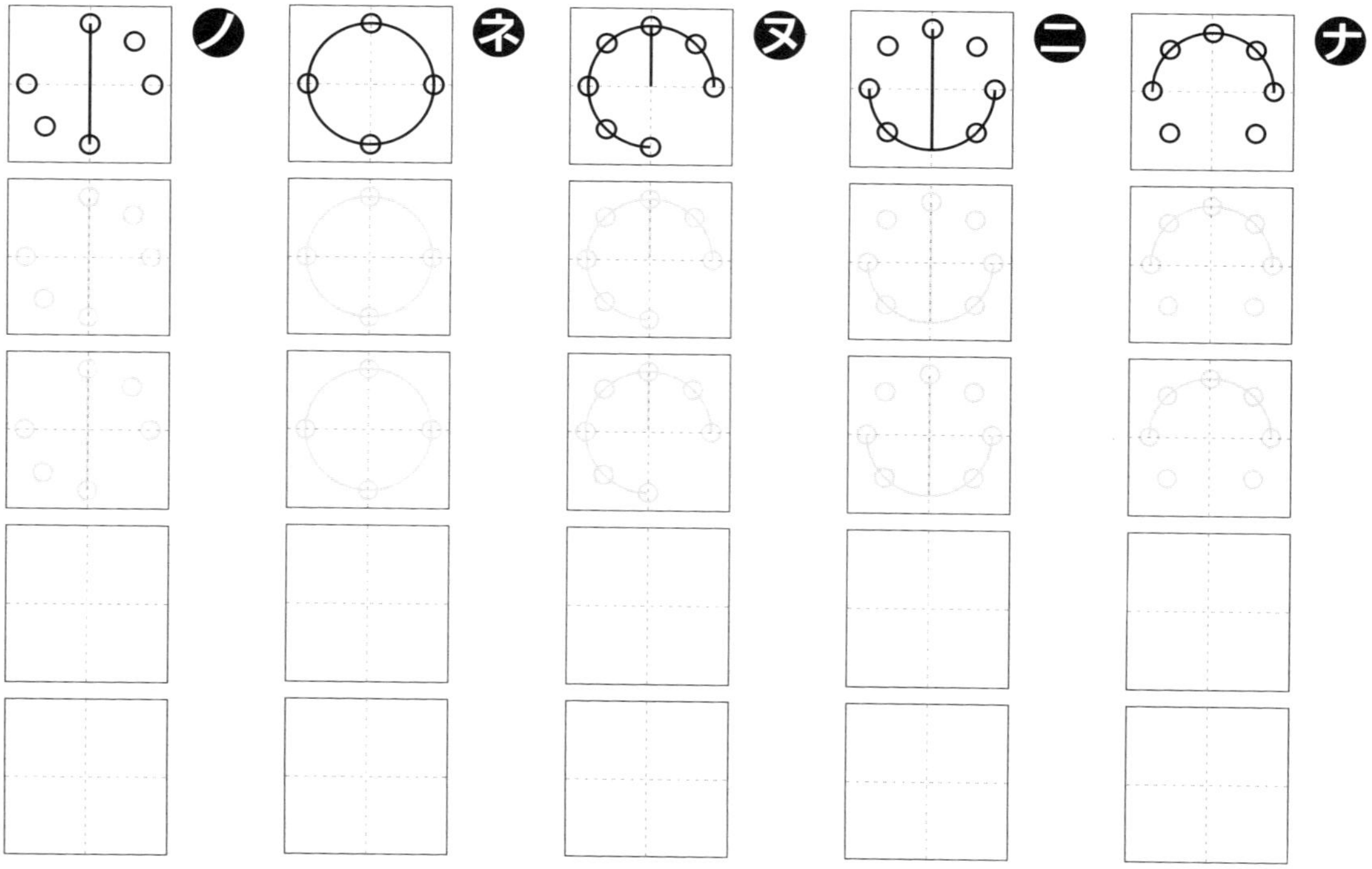
ナ
ニ
ヌ
ネ
ノ

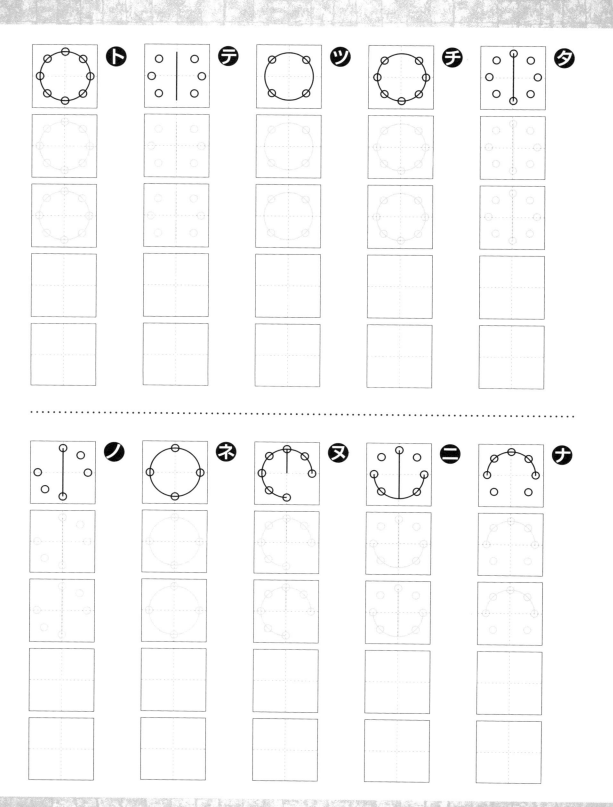

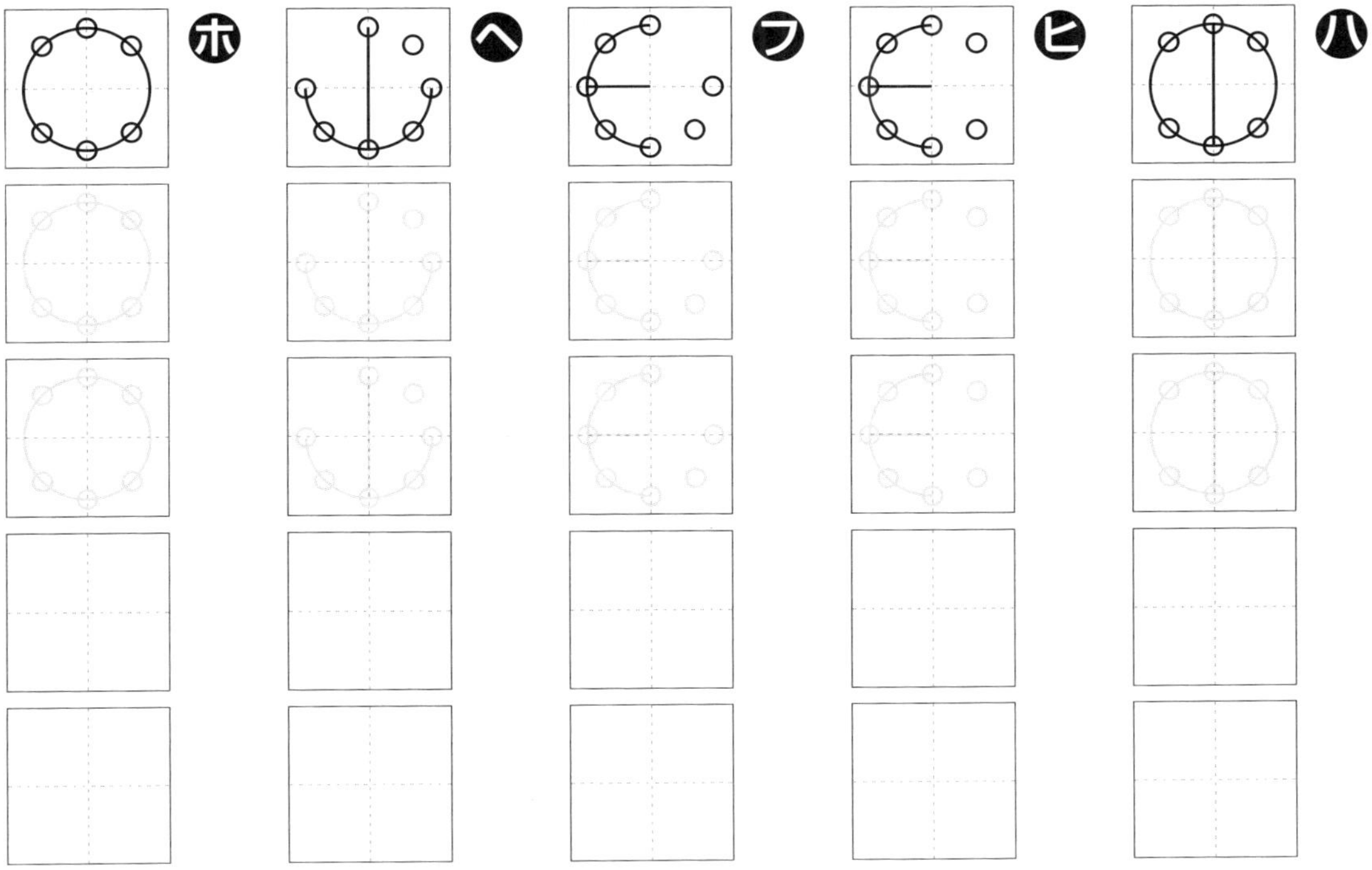
ハ
ヒ
フ
ヘ
ホ

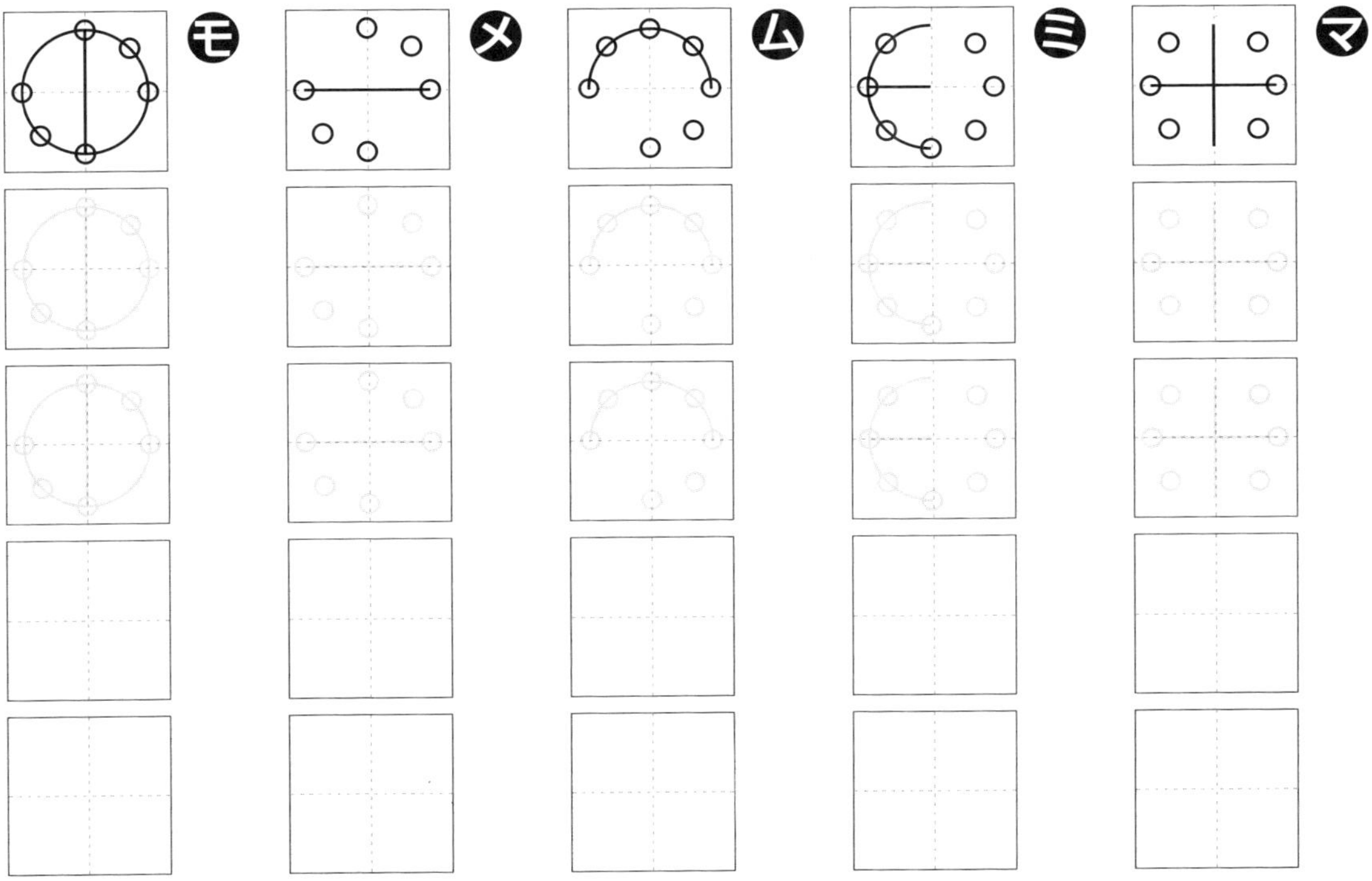
マ
ミ
ム
メ
モ

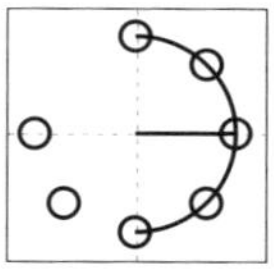

ヨ

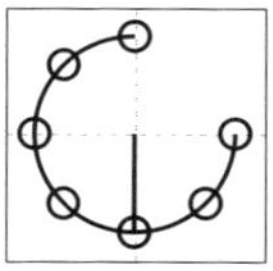

ア

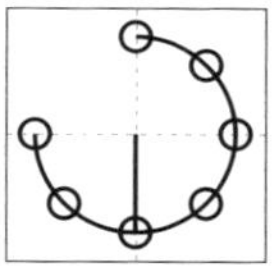

ユ

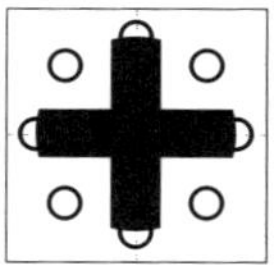

ヰ

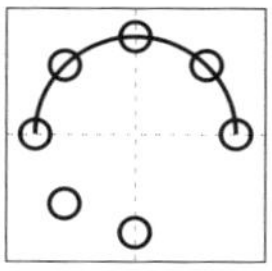

ヤ

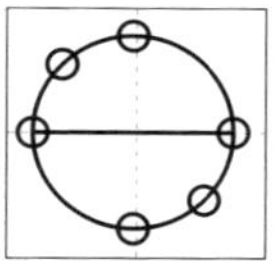

ロ

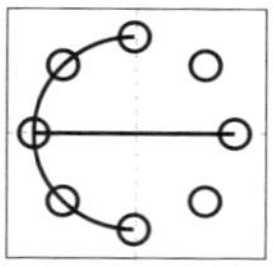

レ

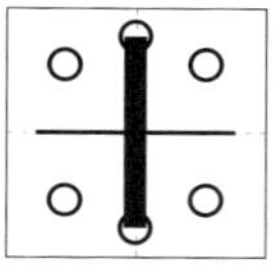

ル

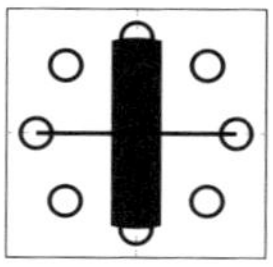

リ

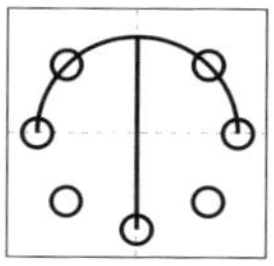

ラ

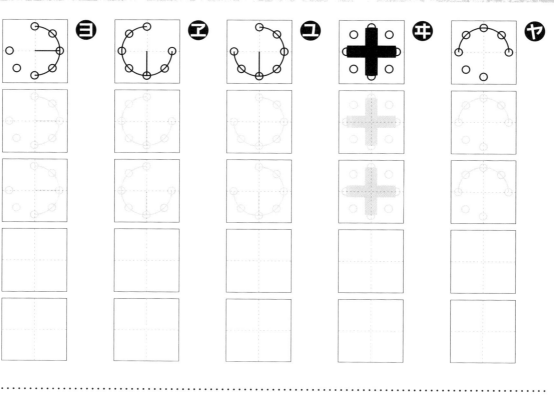

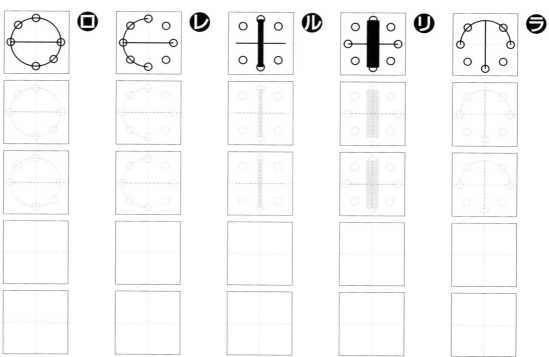

ン

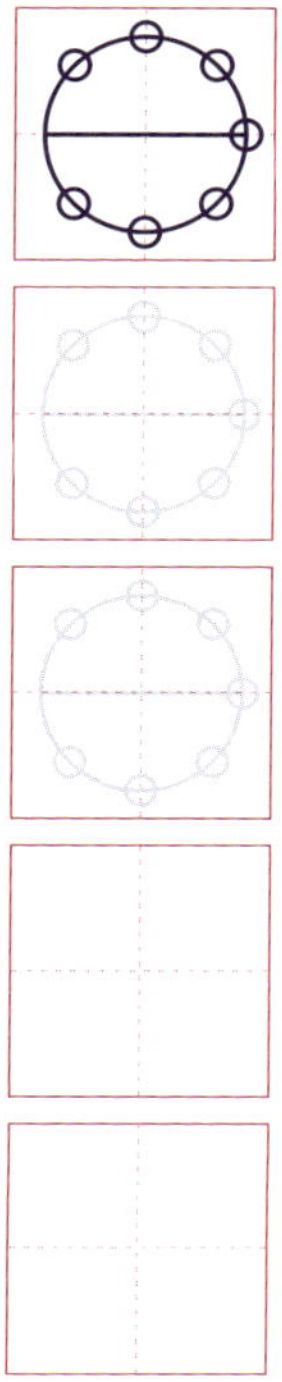

ヲ

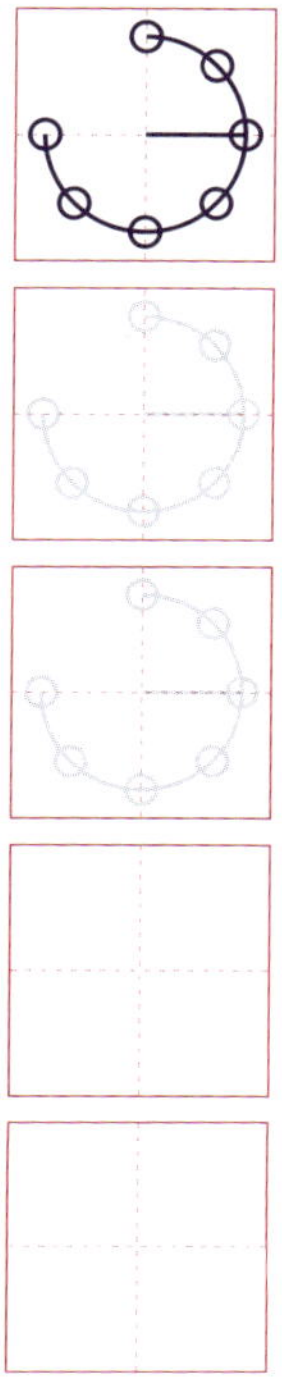

ワ

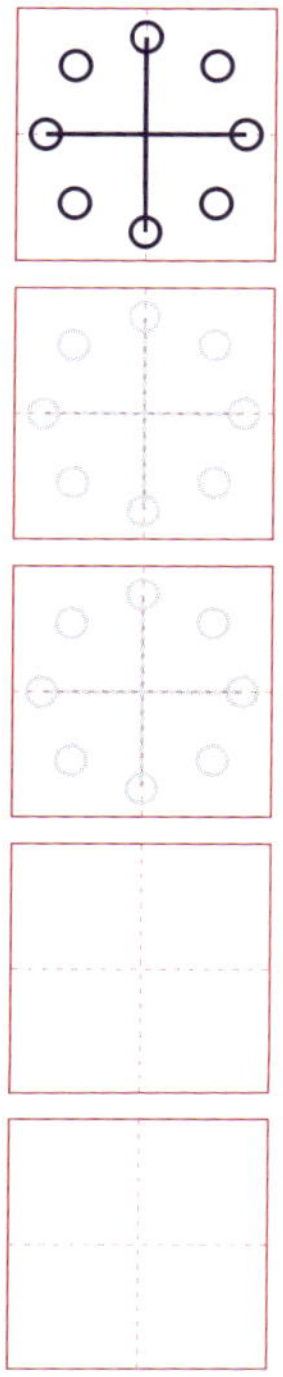

ヒフミヨイ　マワリテメクル
ムナヤコト
アウノスヘシレ　カタチサキ
ソラニモロケセ　ユヱヌオヲ
ハエツヰ※ネホン　カタカムナ
マカタマノ　アマノミナカヌシ
タカミムスヒ　カムミムスヒ
ミスマルノタマ

カタカムナを謡うと
手に微細な振動が
伝わってきます

このとき
ミスマルノタマという
高次元空間が
立てた人差し指を中心に
出現します

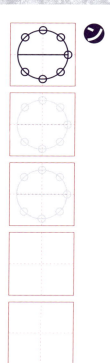

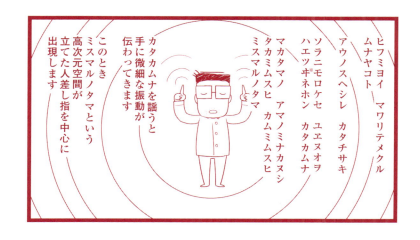

カタカムナ ウタヒ なぞり書き

ここからはカタカムナウタヒをなぞり書きしていきましょう。
カタカムナ文字の1つ1つよりも、
強い力を秘めているのがウタヒです。

ウタヒの中心にある図形、そこに人差し指を置いてみてください。その中心図形、それがあなたです。そしてそのまま、1つ1つの文字を円の中心から外へ向かって丁寧になぞっていきましょう。1文字なぞれば、そこには次元が生まれます。もう1文字なぞればまた次元が生まれ……そうすると玉ねぎの層のように重なり合った高次元空間が、あなたを包み込みます。ただ文字をなぞるだけでも効果はありますが、こうすることでよりカタカムナ文字のもつパワーを感じられるようになるのです。

また、正のウタヒの裏面に対である負のウタヒがくるようなページ構成になっています。正と負がセットであることも意識しながらなぞっていきましょう。

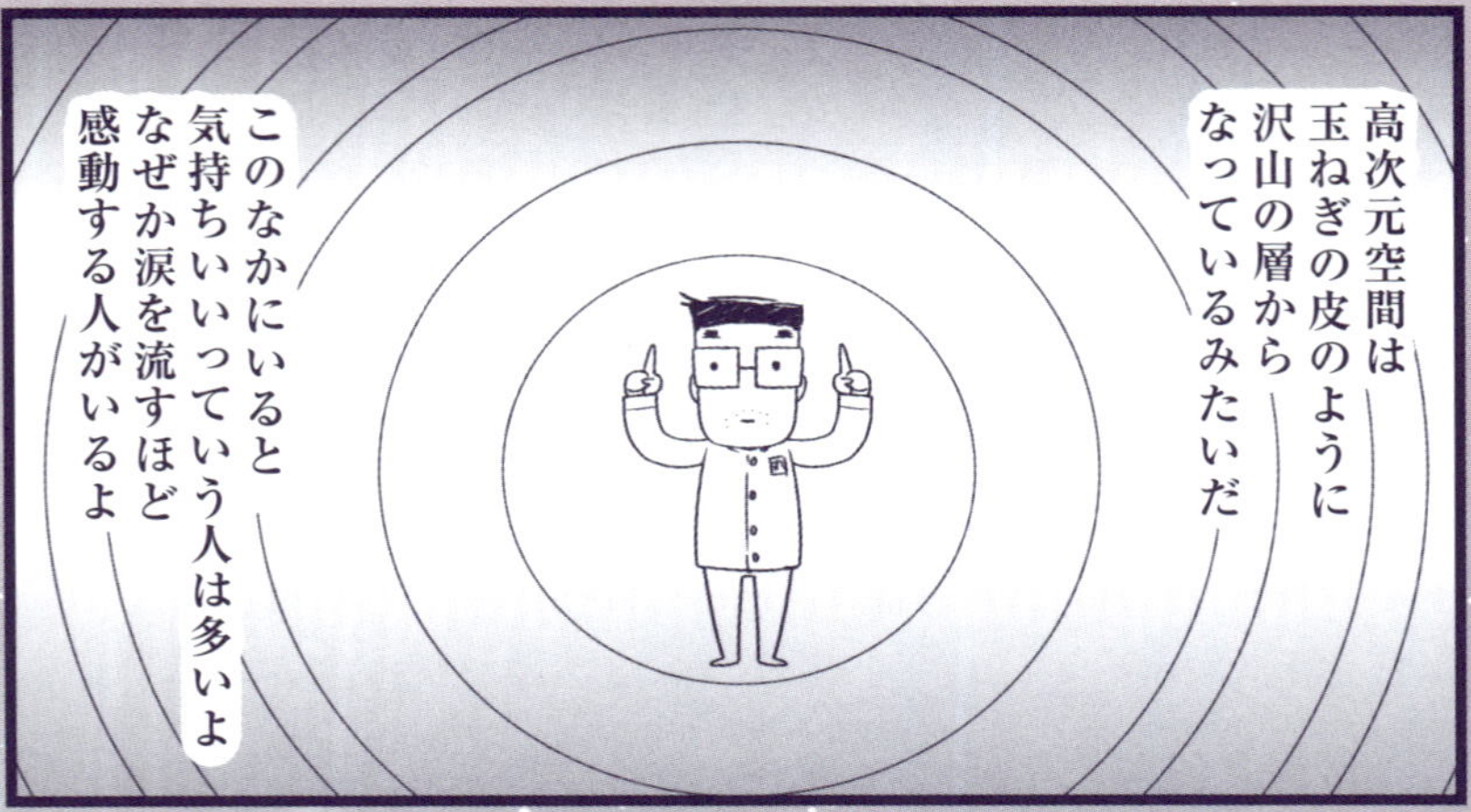
高次元空間は
玉ねぎの皮のように
沢山の層から
なっているみたいだ
このなかにいると
気持ちいいっていう人は多いよ
なぜか涙を流すほど
感動する人がいるよ

カタカムナ
1

空間や次元を自由自在に操る

第1首 正

読み　カタカムナ　ヒビキ　マノスベシ　アシアトウアン
ウツシマツル　カタカムナウタヒ

《効果》

・周囲の音が鮮明に

・情緒が安定する

空間や次元を自由自在に操る

第1首 負

読み カタカムナ　ヒビキ　マノスベシ　アシアトウアン
ウツシマツル　カタカムナウタヒ

《解説》「カタカムナヒビキ」とは、カタカムナ文字やウタヒが持つ音や響き、周波数のこと。「マノスベシ」の「マ」は「空間」、「スベシ」は「統べる」という意味を持つ。カタカムナの神髄は、ウタヒの響きで空間や次元を自由にコントロールできるようになること。さらには感情もコントロールできるようになる。

カタカムナ
3

三次元と四次元をつなぎ、すべてを創造する

第2首 正

読み　ヤタノカカミ　カタカムナ　カミ

《効果》
・悩みの解消　・全能な神によるサポート

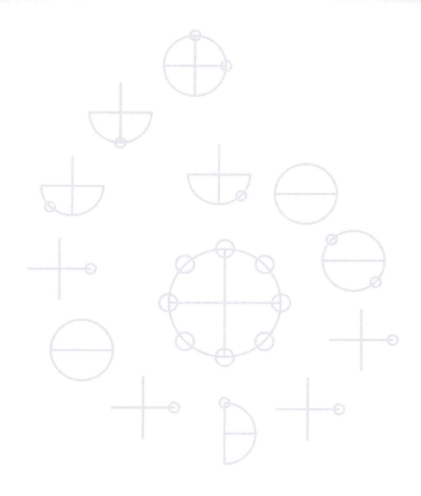

カタカムナ 4

三次元と四次元をつなぎ、すべてを創造する

第2首 負

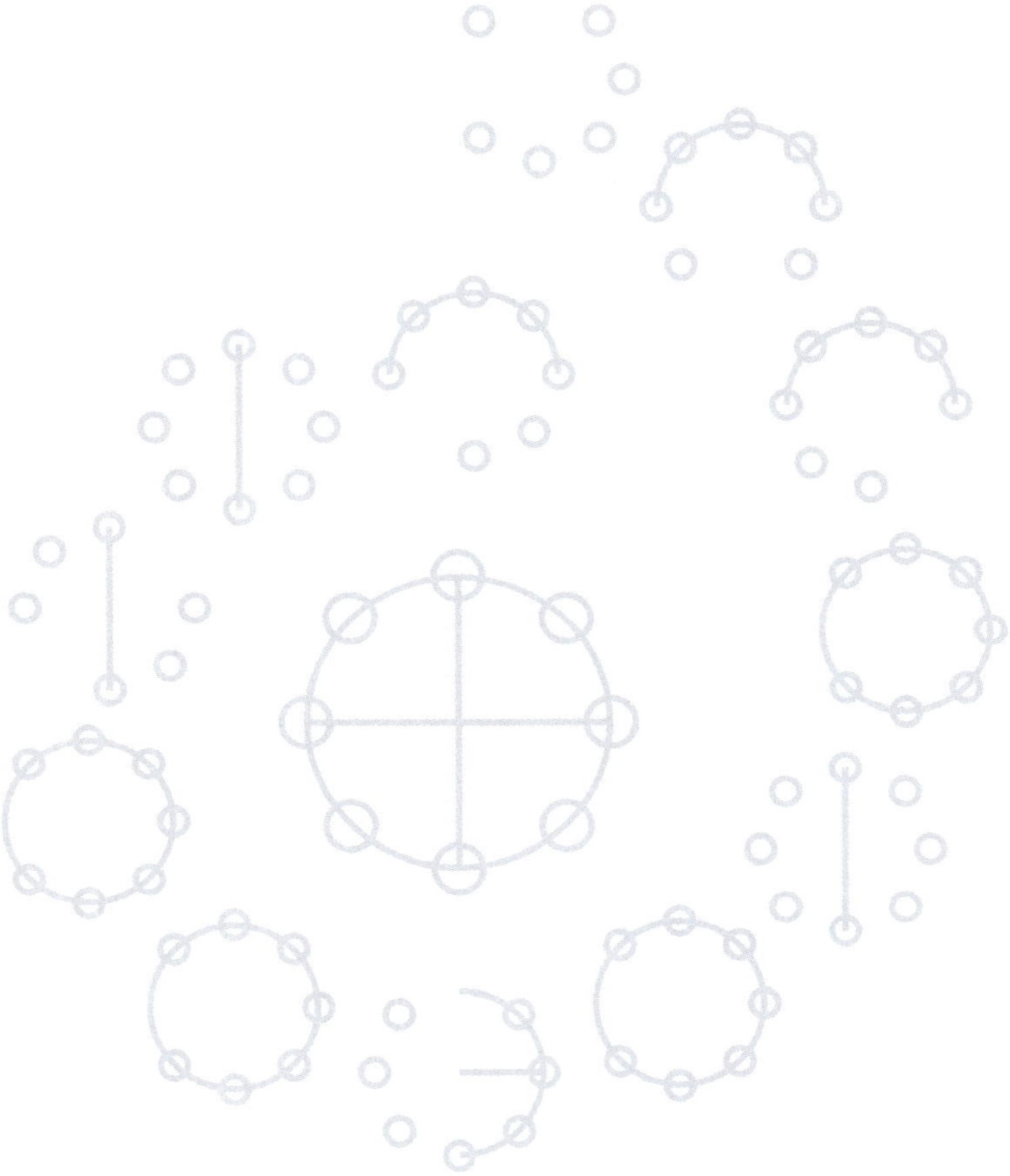

読み ヤタノカカミ　カタカムナ　カミ

《解説》

この意味は、「ヤタノカガミは神である」ということ。「ヤタノカガミ」は三次元と四次元の接点にあり、ヤタノカガミを通してすべてのものがつくられる。また病を治すための力を四次元から借りることができる。『創造＝神のなせる業《わざ》』であるヤタノカガミから、活力をもらうことができる。

カタカムナ 5

意識が統合され、宇宙と共鳴する

第3首 正

読み　フトタマノ　ミ　ミコト　フトマニニ

《効果》

・人体をオールマイティーに癒やす

・精神が統一される

カタカムナ 6

意識が統合され、宇宙と共鳴する

第3首 負

読み　フトタマノ　ミ　ミコト　フトマニニ

《解説》

自分のなかの顕在意識、潜在意識が１つになる。意識が調和することで精神も統一され落ち着く。「フトマニ」は宇宙共通の言語である数字（カタカムナ数字）と共鳴し、万物を創造する働きを持ち、人の体を癒やす全能な力がある。

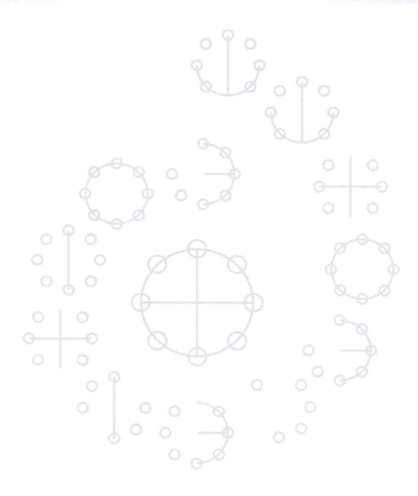

カタカムナ 7

神＝人間の意識、自分専用の神に気づく

第4首 正

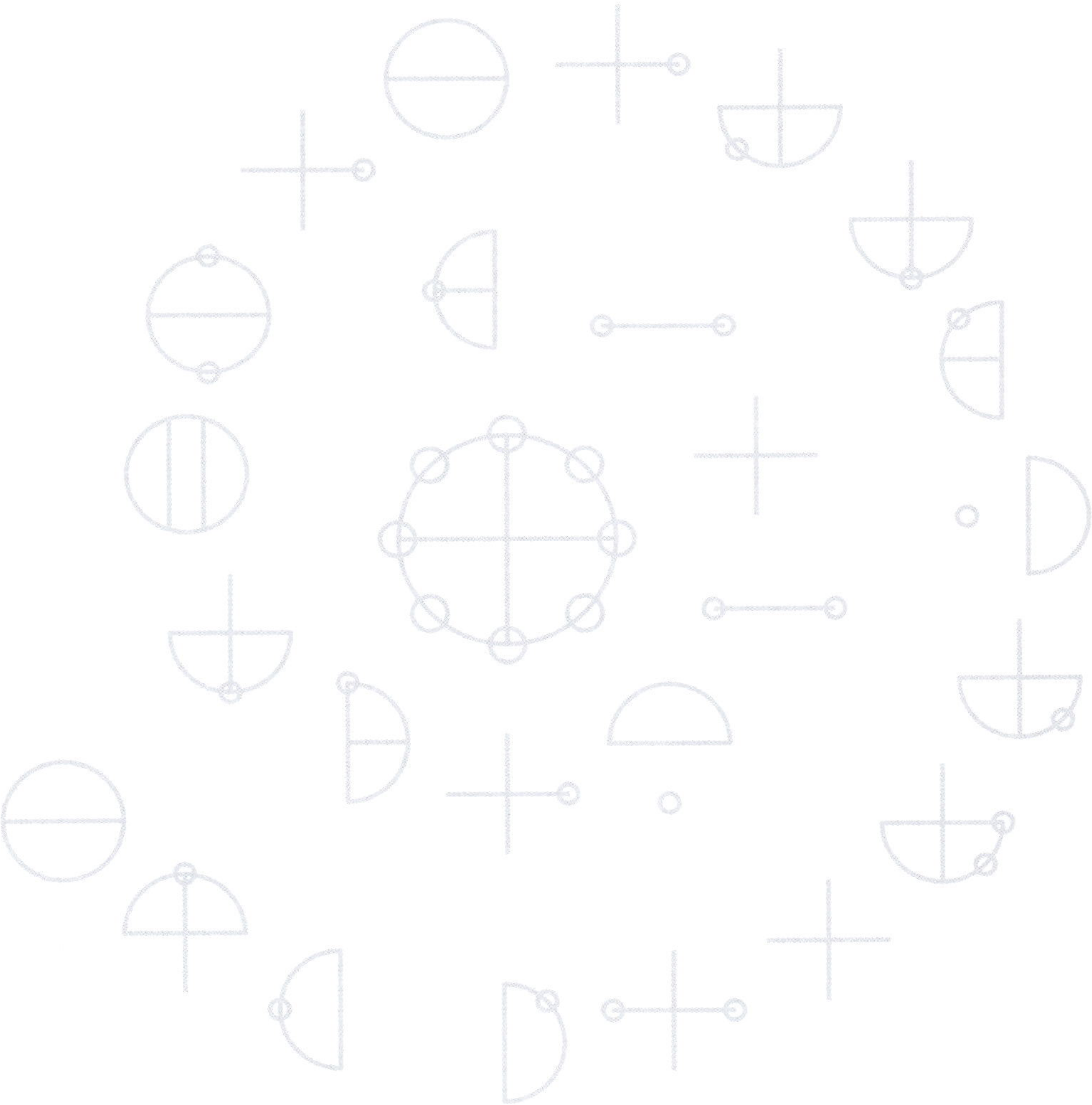

読み イハトハニ　カミナリテ　カタカムナ
ヨソヤコト　ホグシウタ

《効果》
・心が安らぐ
・呼吸が深くなり、整う

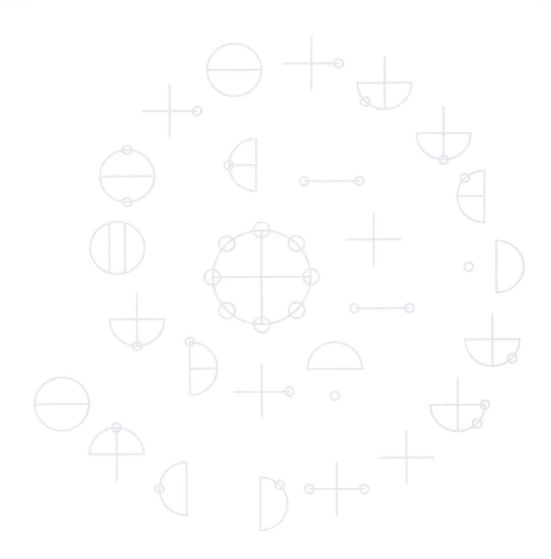

カタカムナ
8

神＝人間の意識、自分専用の神に気づく

第4首 負

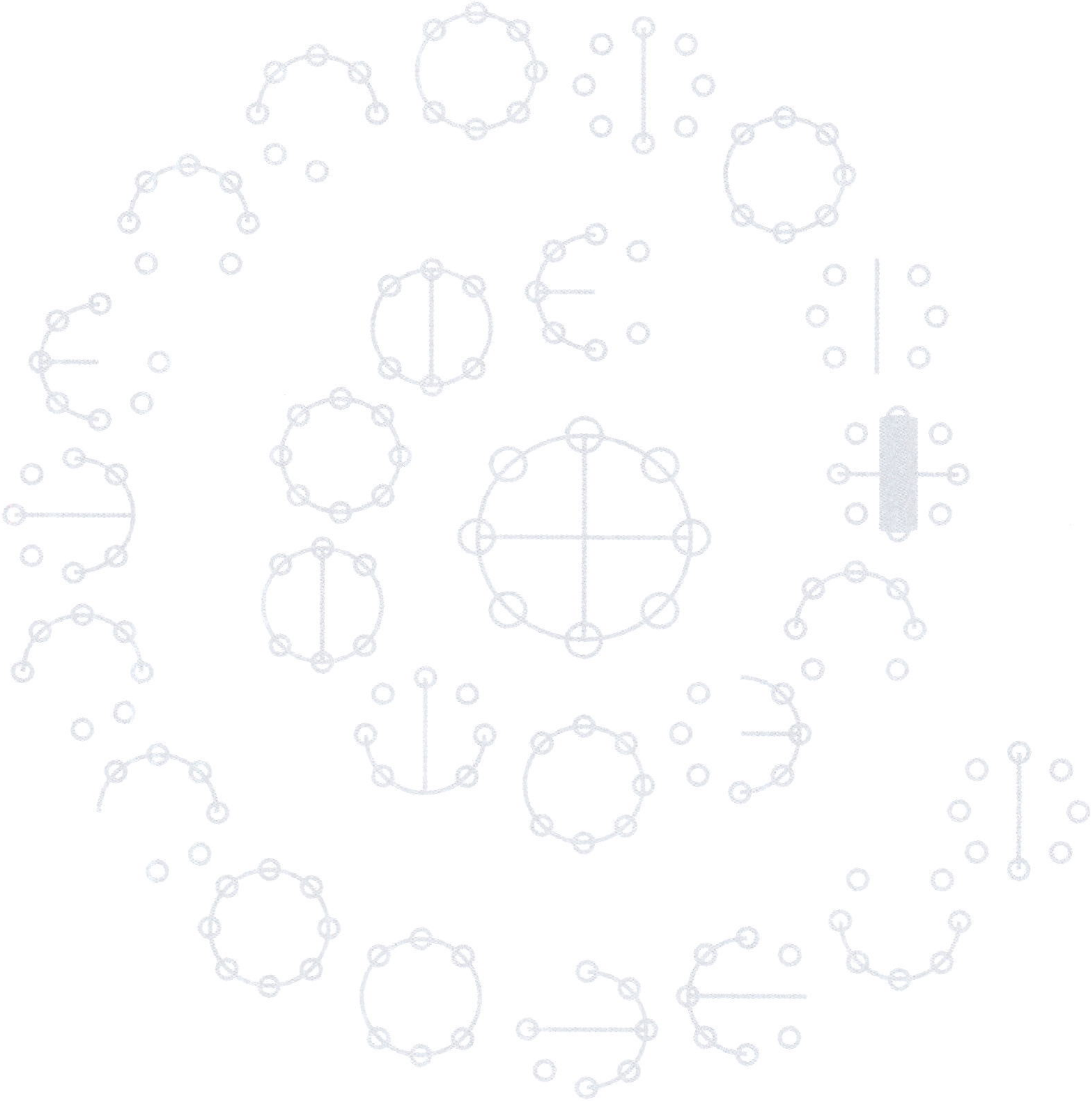

読み　イハトハニ　カミナリテ　カタカムナ
ヨソヤコト　ホグシウタ

《解説》 1人1人の意識そのものが神であって、人と独立した「神」というものではない。自分のなかにこそ神なる意識は存在している。その神に気づいたとき、体がじんわり温かくなり心が安らぐ。そうすると呼吸も整い、体の調子がよくなる。カタカムナは、それを人の意識に思い出させてくれる。

カタカムナ
9

次元と次元をつなぐ奇跡のメビウス

第5首 正

読み
ヒフミヨイ　マワリテメクル　ムナヤコト
アウノスヘシレ　カタチサキ

《効果》
・血流の促進　・高次元の力を得られる

カタカムナ
10

次元と次元をつなぐ奇跡のメビウス

第5首 負

読み　ヒフミヨイ　マワリテメクル　ムナヤコト
アウノスヘシレ　カタチサキ

《解説》この首はカタカムナの神髄である循環をあらわす。「マワリテメクル」は四次元以上の世界と私たちが住む三次元世界の間を物質やエネルギーがメビウス上に循環していることを意味する。それゆえ、私たちは高次元のエネルギーを取り込むことが可能である。

カタカムナ 11

物質の発生メカニズム、ここにあり

第6首 正

読み

ソラニモロケセ　ユエヌオヲ
ハエツヰネホン　カタカムナ

《効果》

・気の流れを改善　・体の冷えを撃退

物質の発生メカニズム、ここにあり

第6首 負

読み ソラニモロケセ　ユエヌオヲ
ハエツヰネホン　カタカムナ

《解説》「万物の根源である素粒子は０次元の点ではなく一次元の極小のヒモからなり、その振動数、ふり幅の違いによりさまざまな素粒子になる」という物質の発生メカニズムを意味する。見える世界と見えない世界の橋渡しをし、全身の気の流れがスムーズに。そうすると血流がよくなり冷えやむくみもケアできる。

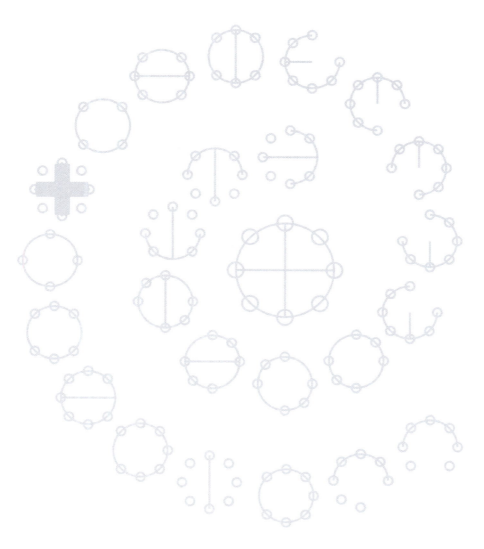

カタカムナ
13

天から降りそそぐエネルギーを取り込む

第7首 正

読み　マカタマノ　アマノミナカヌシ　タカミムスヒ
カムミムスヒ　ミスマルノタマ

《効果》

・ものごとが思い通りに動く　・開運

カタカムナ
14

天から降りそそぐエネルギーを取り込む

第7首 負

読み　マカタマノ　アマノミナカヌシ　タカミムスヒ
カムミムスヒ　ミスマルノタマ

《解説》陰陽の中心を正反対の力がめぐることを意味し、その力のバランスがとれたとき高次元空間（ミスマルノタマ）があらわれる。このとき人は四次元空間を自分の周りに誘導できる。そしてこのウタヒに登場する、三柱の神様の力を得ると自分たちも宇宙創成の一端を担い、思い通りにことが運びやすくなる。

カタカムナ
15

過去でも未来でもなく人は今としか生きられない

第8首 正

読み ウマシタカカム　アシカビヒコ
トコロチマタノ　トキオカシ

《効果》
・良好な人間関係
・瞬間治療

カタカムナ
16

過去でも未来でもなく人は今としか生きられない

第8首 負

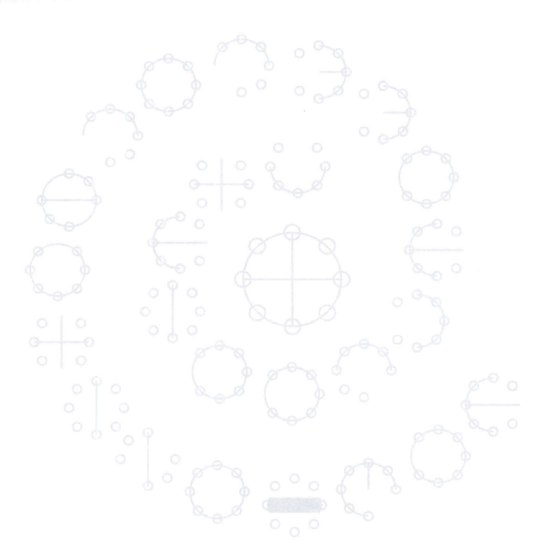

読み　ウマシタカカム　アシカビヒコ
トコロチマタノ　トキオカシ

《解説》

ウタヒがラセンを描くのは、時間の流れが過去から現在、未来への一直線ではないことを示し、過去、現在、未来をつなぐ線はラセンになりすべては同時に起こっている。「トキオカシ」は時空を変えることを意味し、病を治す時間を短縮する。

カタカムナ
17

すべてを吸い込み再生し吐き出すブラックホール

第41～44首 黄金ラセン 正

《効果》

・デトックス効果

・落ち込んだ気持ちが軽くなる

カタカムナ
18

すべてを吸い込み再生してはき出すブラックホール

第41〜44首 黄金ラセン 負

《解説》
宇宙の中心であるブラックホールのような形になっていて、その中心がヤタノカガミ。ブラックホールのようにヤタノカガミのなかに吸い込み、取り込んだものを再生し吐き出す。心の毒も体の毒素も解毒、または浄化する力がある。

カタカムナ
19

DNAレベルでの変化があらわれる

第61〜64首 黄金ラセン 表裏一体

《効果》

・体質改善　・秘めたる力の開花

《解説》

有害なエネルギーを外側に排出し、必要なエネルギーを吸収する効力を持つ。また、人間のDNAに直接働きかける力があるため、体質の改善や、内に秘める力（予知や透視能力など）が開花する可能性も。

カタカムナ
20

みずからの意識を投影する立体スクリーン

第72首 カムナ

《効果》

・願いが実現する　・知能がアップ

《解説》

人が意識したことが始まりとなって、すべてのものが創造される。そして、創造されたものが、目の前の見えない立体スクリーンの上に、まるで現実のように投影されていく。こうなりたい、こうしたい、などプラスの意識を持ちながら触れるとよい。

カタカムナ
21

マイドラゴンを召喚し、そのエネルギーを味方に

カタカムナ龍図 第5首 正

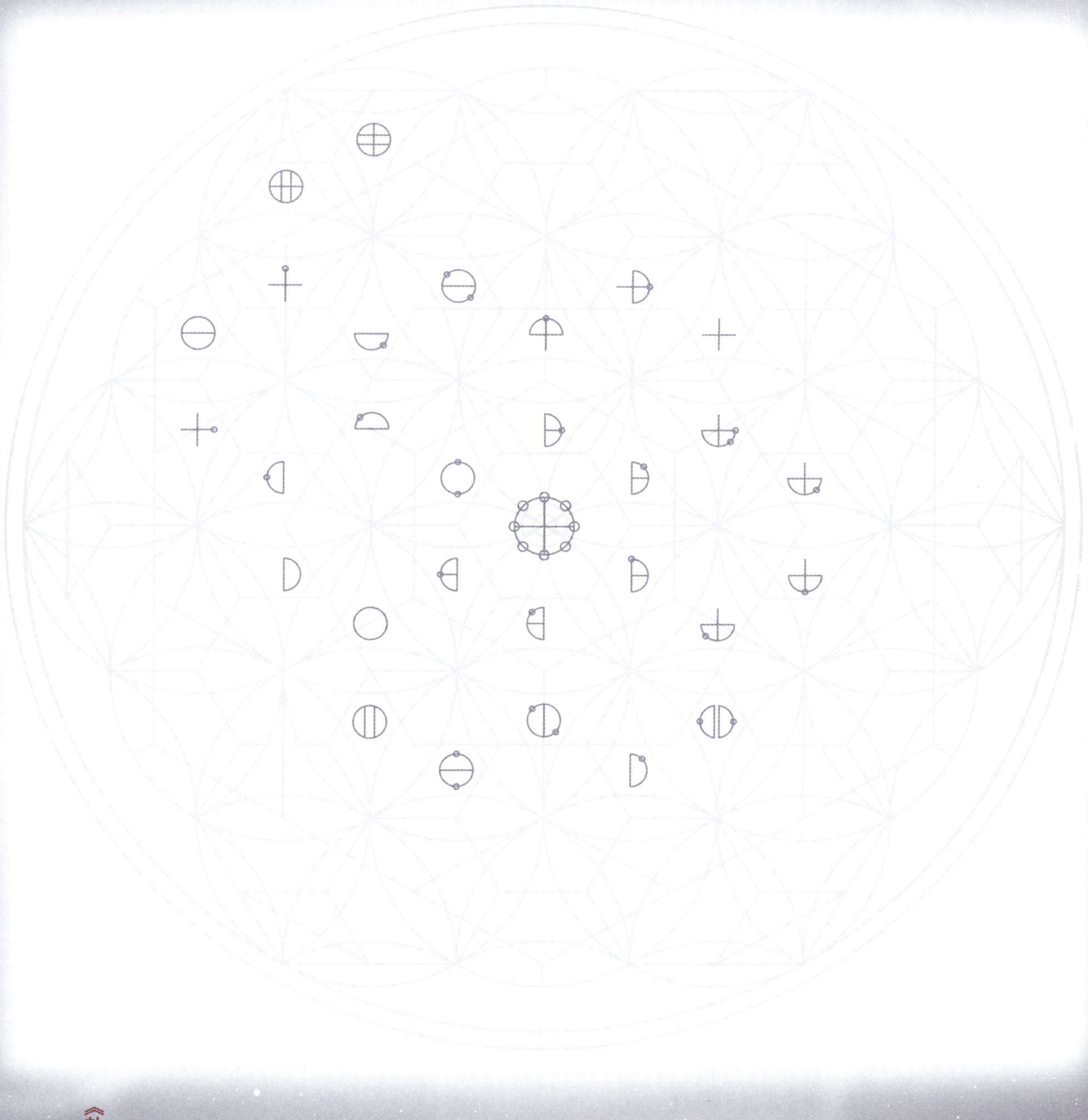

《効果》

・龍の守護　・高次元空間をつくる

カタカムナ

22

マイドラゴンを召喚し、そのエネルギーを味方に

カタカムナ龍図 第5首 負

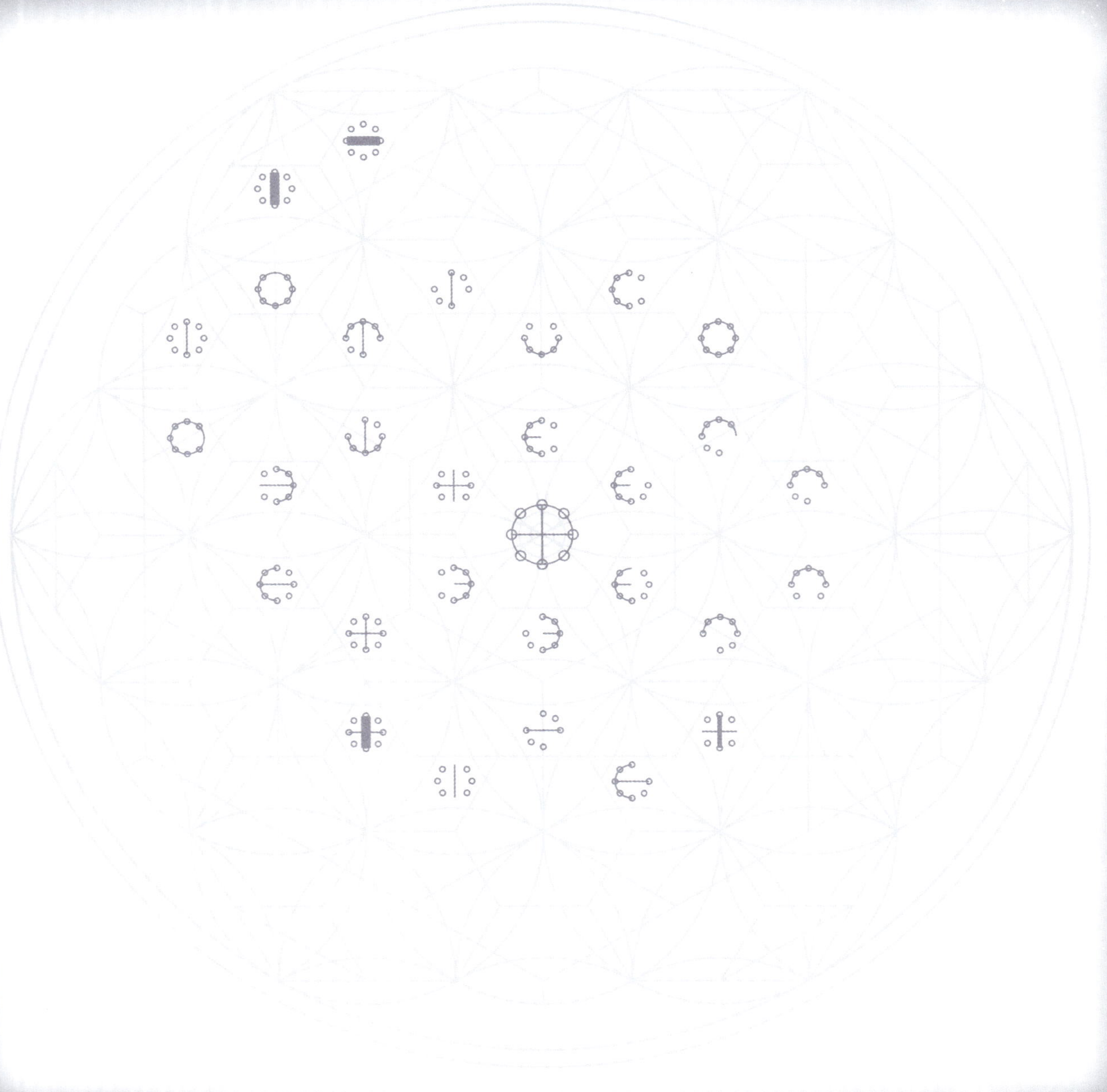

《解説》

自分だけの龍（マイドラゴン）を召喚。絵柄に浮かびあがるカタカムナウタヒを包み込むように手を置いて深呼吸すると、あなたの内なる力を呼び覚まし龍のエネルギーを味方にできる。カタカムナの神様がどれだけ人々に愛を惜しみなく注いでいるのか、その慈悲の深さにも「気づく」。

カタカムナ
23

やすらぎとパワーを持つ強力な複合図

第5~8首 黄金ラセン+FOL《フラワーオブライフ》

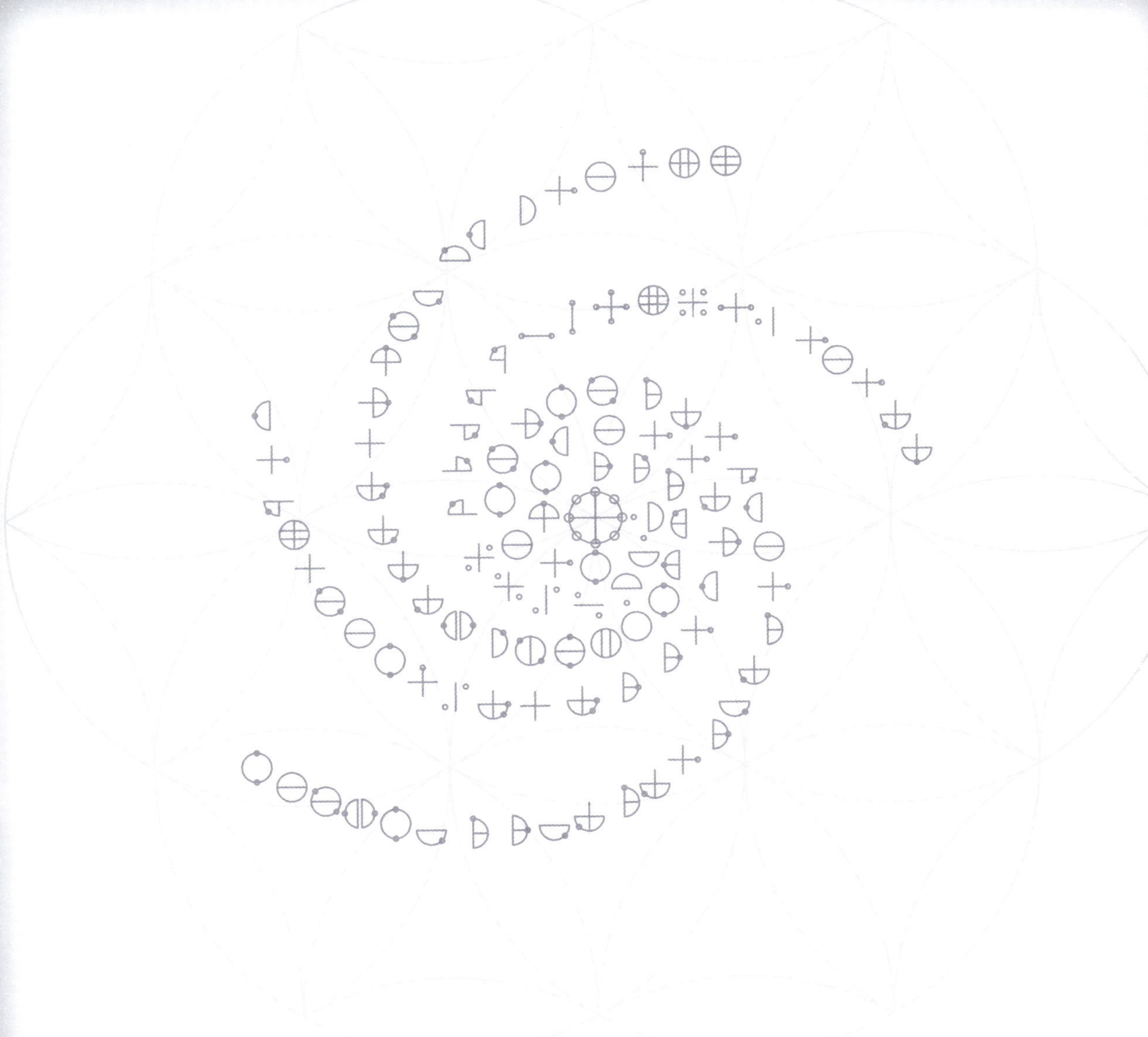

《効果》

・ポジティブな気がめぐる　・胃痛、腹痛を軽減

《解説》

ゆったりとした悠久の時の流れを創造。心が落ち着くだけでなく、中心軸や自分の内側に原点があらわれポジティブな気がめぐるようになる。また胃腸の調子を整え改善したり、腹痛が治る優れたパワーを持つ。

カタカムナ 24

宇宙のエネルギーでパワー全開

カタカムナ フトマニ図

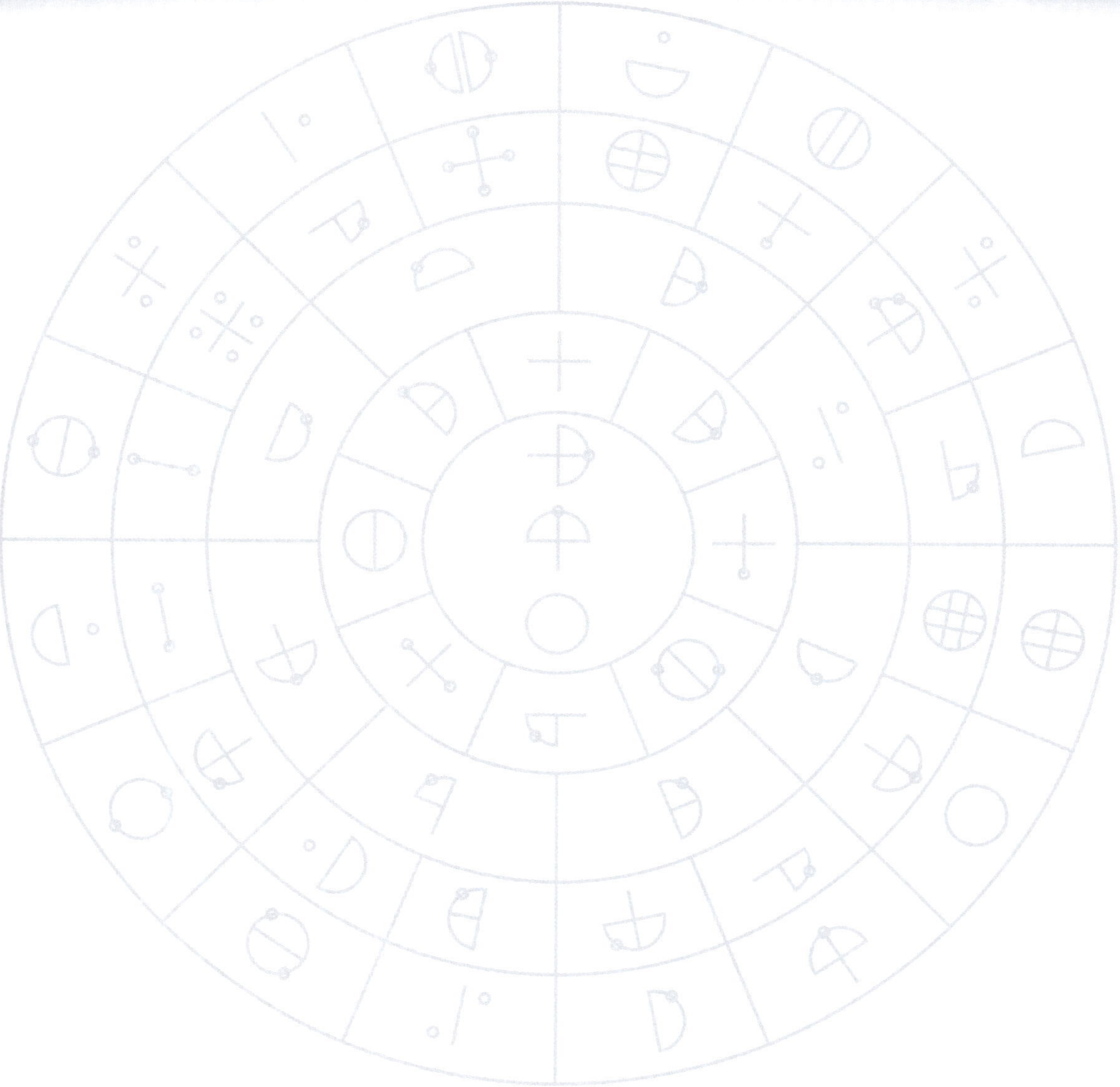

《効果》

・生命エネルギーが高まる　・開運

《解説》

ホツマ文字からなるフトマニ図をカタカムナ文字に置き換えることで、カタカムナの「宇宙を統べる力」がさらに増強し、生命力がアップ。さらには、あらゆることに作用する万能図となった。

カタカムナ文字で自由に書いてみよう

カタカムナ文字を使って、まずは自分の名前を書いてみましょう。その次は好きな言葉を。実際に書いてみると、神代文字が使えてかっこいい！　というだけでなく、はるか古代、神の時代に使われていた文字を、とても身近に感じることができます。自分の願いごとを書いてみるのもいいかもしれません。

例

濁音は濁点なし、
小文字は大文字に

マルヤマノブヒロ

↓

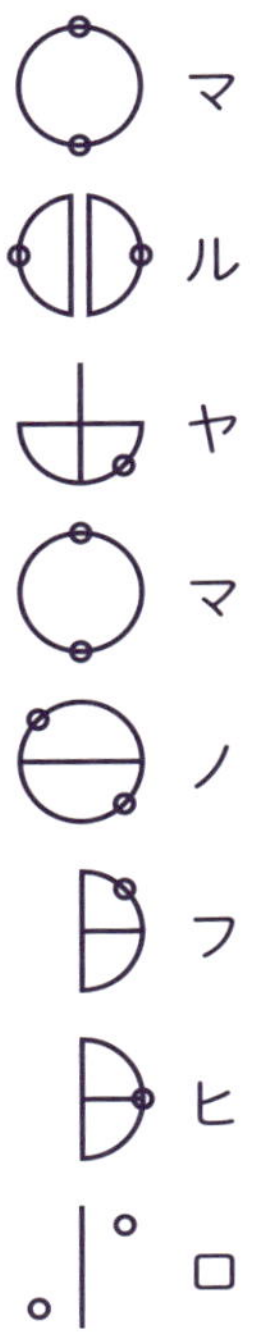

自分の名前を書いてみよう

好きな言葉を書いてみよう

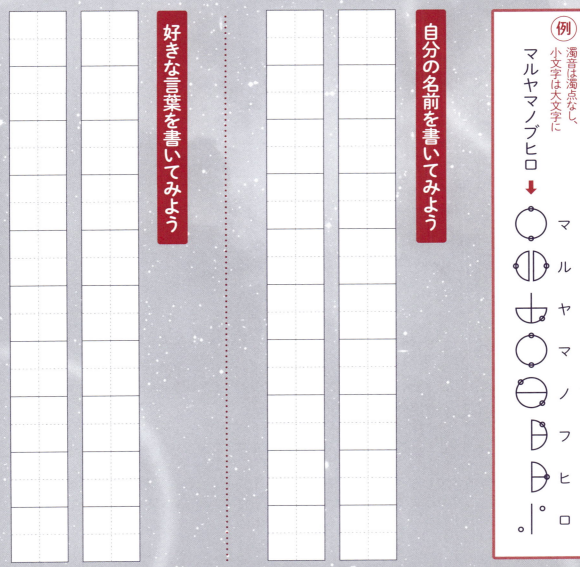

コラム 2

声に出して読んでみよう！

カタカムナウタヒは、実際に声に出して読んでみることでさらに不思議な力を発揮します。音読のポイントとその効果、効果が出る理由を説明しましょう。

❶
私は基本的に両手の人差し指を天に向かって立ててカタカムナの第5首と第6首、第7首を続けて読みます
❷
人差し指を立てるのは人差し指がアンテナのような役目をするからです
❸
ヒフミヨイ　マワリテメクル
ムナヤコト
アウノスヘシレ　カタチサキ
ソラニモロケセ　ユヱヌオヲ
ハエツヰネホン　カタカムナ
マカタマノ　アマノミナカヌシ
タカミムスヒ　カムミムスヒ
ミスマルノタマ
カタカムナを謡うと手に微細な振動が伝わってきます
このときミスマルノタマという高次元空間が立てた人差し指を中心に出現します

※ヰ　読み＝イ
五十音図ヤ行第二段の仮名。現代では「イ」と同じ発音である

私は患者さんの前でカタカムナウタヒを謡います。すると、患者さんのいる空間と体の素粒子が変化し、大抵の症状はその場で改善するか、数時間後に症状が消えます。これも意識を使ってやる「量子医学」の１つです。

音読のポイントは、書くときと同じで潜在意識と一緒にやること。まず軽く目を閉じ、両手の人差し指を上に向けるようにします。すると高次元空間（自分や患者さんを取り囲む半径2.5メートルくらいの球状空間）があらわれやすくなります。

この空間のなかでは、人も物質も素粒子レベルで変化するので、病気をつくる状態から病気を治す状態へと変化し、病気が消えたり治ったりするのです。

第2章　龍体文字

龍体文字とは？

何千年も前から存在し、神代文字のなかでも
強い力があるとされるのがこの龍体文字。誰がどのようにして
つくった文字なのか、その力の秘密とは？

活力の神がつくった龍の力を使う文字

龍体文字はウマシアシカビヒコジという神様がつくったといわれる文字です。カタカムナ文字と同じく、古い神代文字の1つです。文字全体では48音あります。『古事記』によれば、天地創造のときに生まれた五柱の神のなかの一柱がウマシアシカビヒコジです。さらには活力の神であり、万物の生命力を神格化したといわれています。その神様がつくった龍の形をした文字ですから、相当な力を持っています。

龍は架空の生きものだと思っている人がほとんどではないでしょうか。人が気づいていないだけで、龍はどこにでも存在しています。空にいる龍は大気中の空気をかき混ぜて、気が淀まないよう動いているのです。

じつは私も本物の龍を見たことがあります。島根県の須佐神社を訪れたとき、2匹の龍が並んで雲の方へ昇っていくのが肉眼で見えました。それをウソだという人もいますが、そのとき一緒にいた私の娘も見たと言うのだから、本当にいたのでしょう。神の国島根では、龍が肉眼で見えるのです。

龍というのは絶大な力を持っています。そして龍体文字はその龍の力を使う文字ですから、ダイレクトに強い力を得られその人自体のさまざまな能力が上がるのです。

文字の力に優劣はないので、適材適所に応じて使うべきです。先に出てきたカタカムナ文字は確かに力がありますが、この龍体文字もそれに匹敵する力があると私は考えました。そして、龍体文字を医療にいかせないかという研究も並行して行うことにしました。どちらを使うからどちらをやめるということではなく「カタカムナ」と「龍体文字」をうまく使って人を治します。

龍体文字の神様にどうしたら龍体文字を使わせてもらえるか聞いてみたんだけど……
今の龍体文字は龍が寝ている状態龍体文字を起こして龍を眠りから覚ますといい
というメッセージが伝わってきたんだ
だから君は龍体文字を縦にして使うことにしたんだね
そのとおり
そうしたらこれまでの龍体文字の倍くらい大きな力が出るようになった
眠っていた龍が目覚めて天や地に向かって動き始めたんだね
それだけじゃない
龍は双龍として働く方がよい……
―てメッセージが伝わってきたから龍体文字を二つ合わせてみたんだ
ぼくはこの新しい配列になった龍体文字を
元の龍体文字
立てる
二つ合わせる
神性《しんせい》双《そう》龍体《りゅうたい》文字《もじ》
と名付けたよ

2匹の龍が背中合わせになり力が覚醒

龍体文字の研究を始めた頃、どうすればこの文字を医療として使えるようになるのか、龍体文字の神様に聞いたことがありました。元からある龍体文字は横向きで、龍が寝ている状態でした。そのままでは本来の力を発揮することはできないので、龍を起こしなさい。そうメッセージが返ってきたのです。

それを受けて、私は元からある龍体文字を縦にして使うようになりました。すると、これまでの何倍もの力が出るようになり、患者さんの症状にも変化があらわれました。龍が目覚め動きはじめたのです。

さらに、龍はつねに2匹で行動し働くものであるため、双龍にするのがよい、というメッセージも伝わってきました。私が島根で見た龍も、対になって行動していました。おそらく2匹は仕事のパートナーだったんでしょう。そこで私は縦にした龍体文字を背中合わせにし、対になるよう配列しました。この文字を「神性双龍体文字」と呼んでいます。

神性双龍体文字になってからは、さらにすごい力が出るようになり、この文字が書かれた紙を悪いところに当てればよくなる患者さんが増えました。驚いたのは、この文字で自分の名前を書き、それをプリントしたTシャツを身に着けていると、自分の龍・マイドラゴンがつくようになるということでした。

また、もともと別の文字で書かれていたアワ歌やヒフミ祝詞《のりと》といった力があったものを、神性双龍体文字に書き換えてみました。そうするとまた強い力が出るようになりました。この文字はこの形でしか力を発揮しないなんてことはありません。すべての文字は源でつながっていて、力を高め合えるのかもしれません。

私は医療で治すことができない病気に文字の力を使えないかと研究を続けてきました。無理だと言われることもありましたが、こうした文字の可能性に光を感じています。

なぞりましょう

双龍体文字 48音

龍体文字も、日本語のカタカナ48音にあてはめることができます。ここでは私が新たに配列した「神性双龍体文字」48音をなぞっていきましょう。よく見ると龍の顔のようにも、天に昇る2匹の龍にも見えてきませんか？なぞることで、この文字の美しさも感じられるでしょう。

か

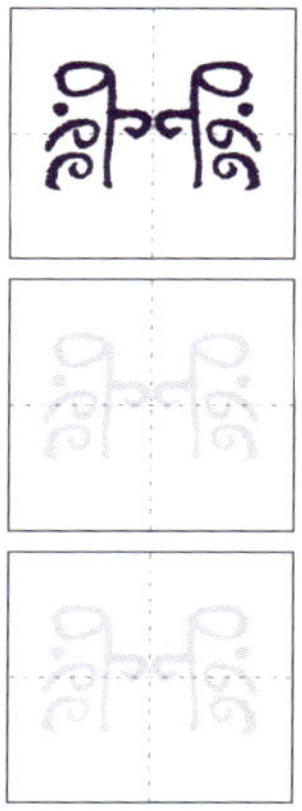

き

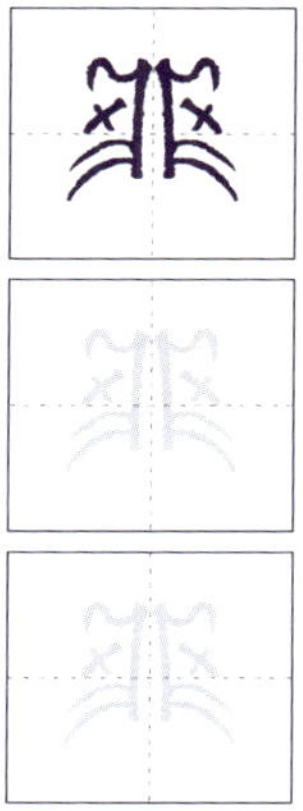

く

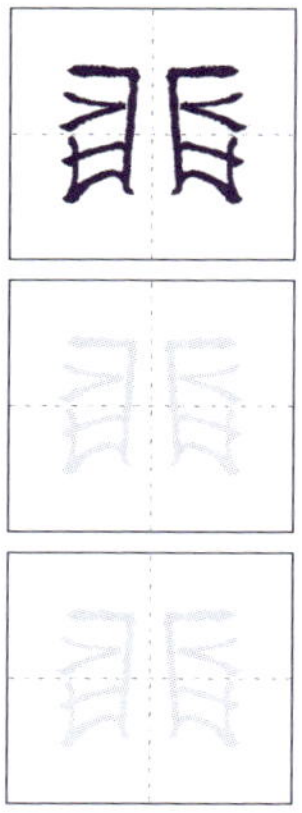

け

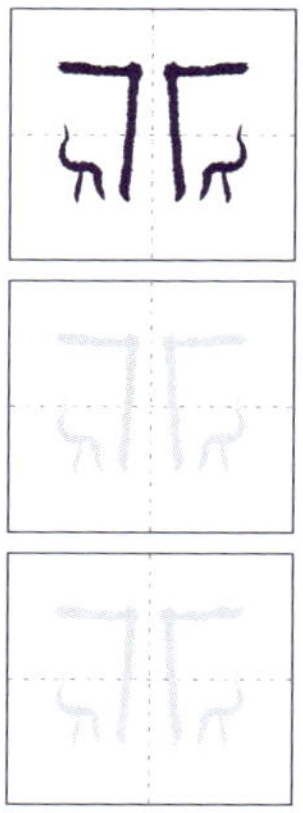

こ

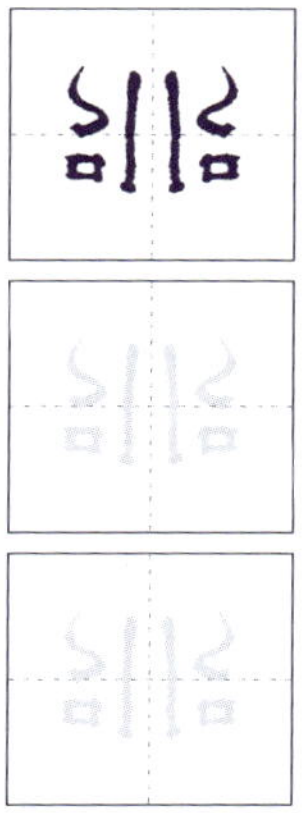

さ

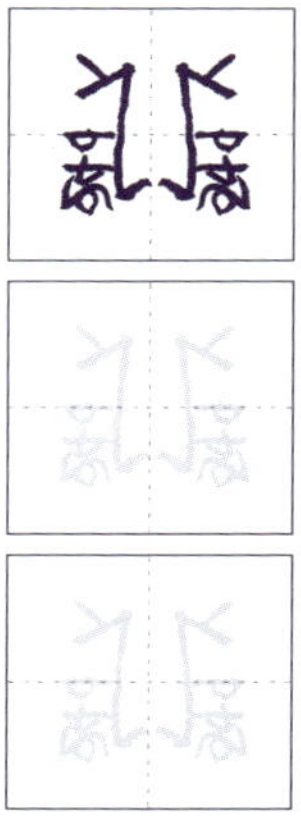

し

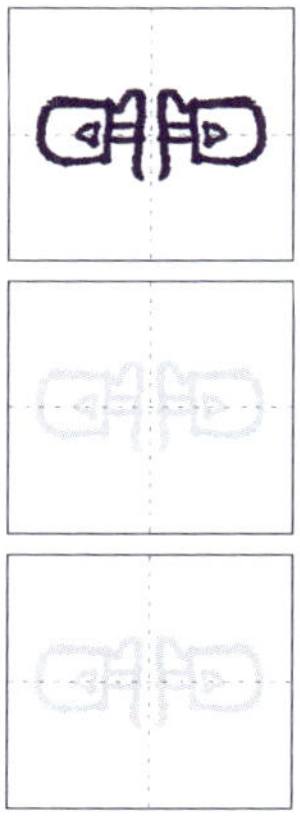

す

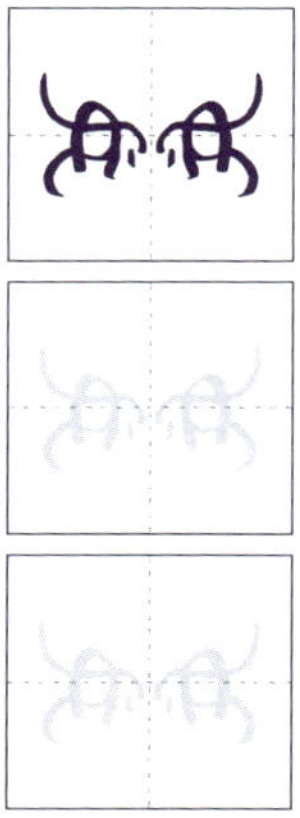

せ

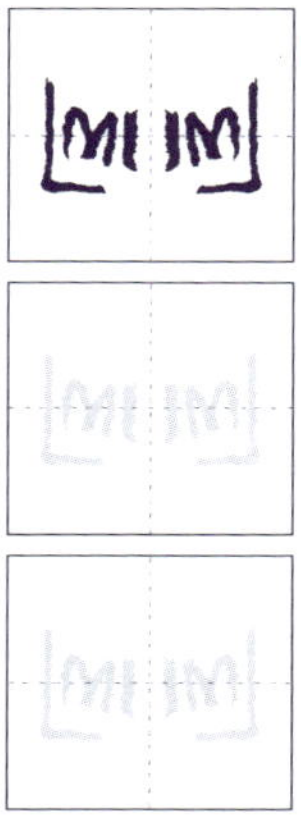

そ

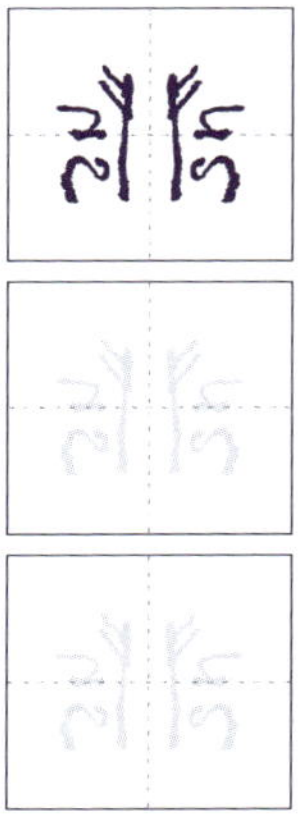

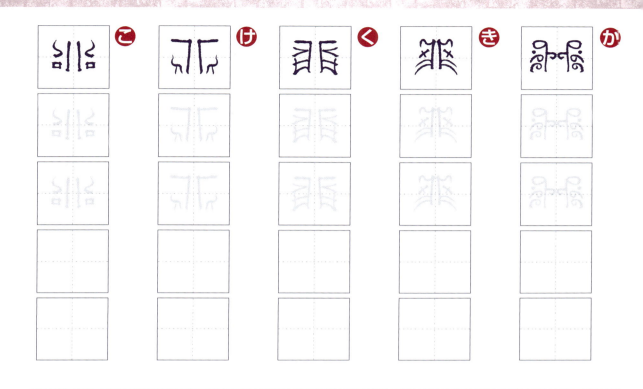

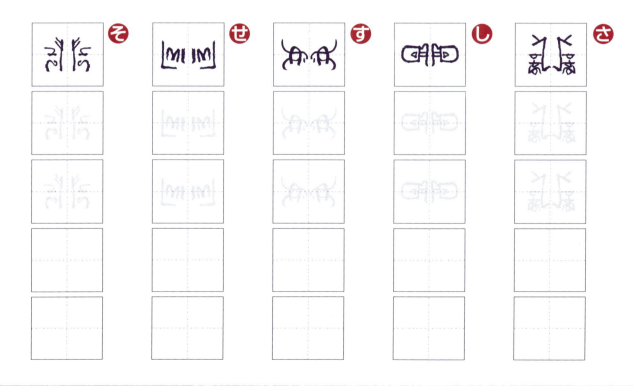

た
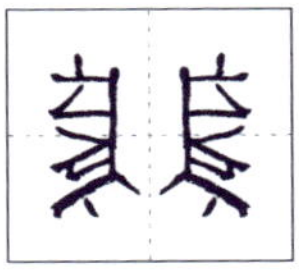
ち
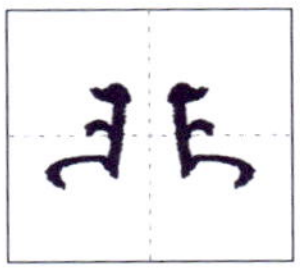
つ
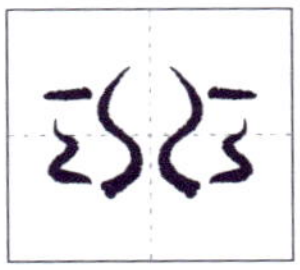
て
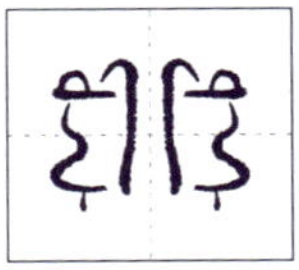
と
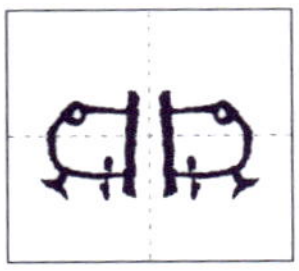

な
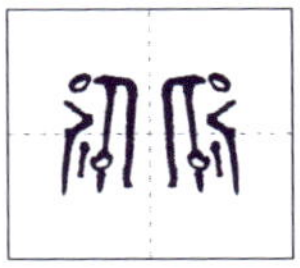
に
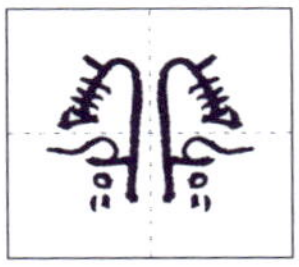
ぬ
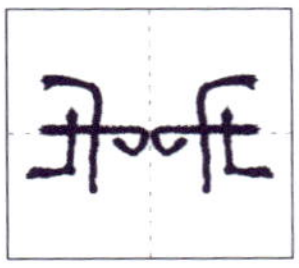
ね
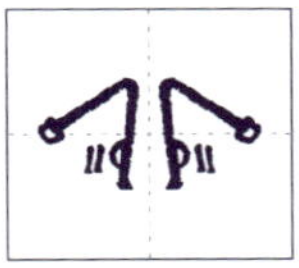
の
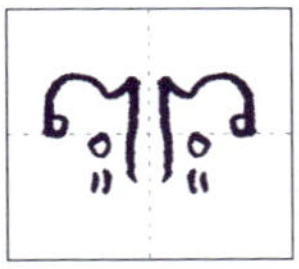

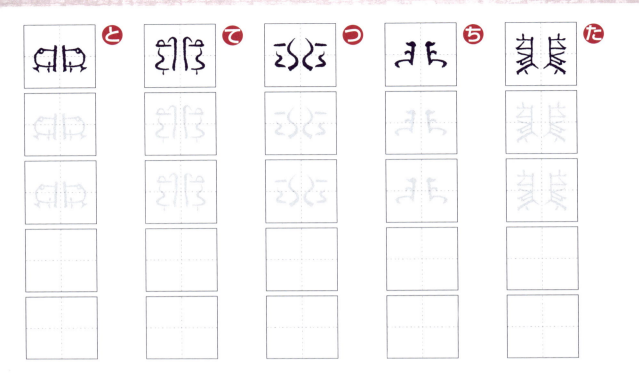

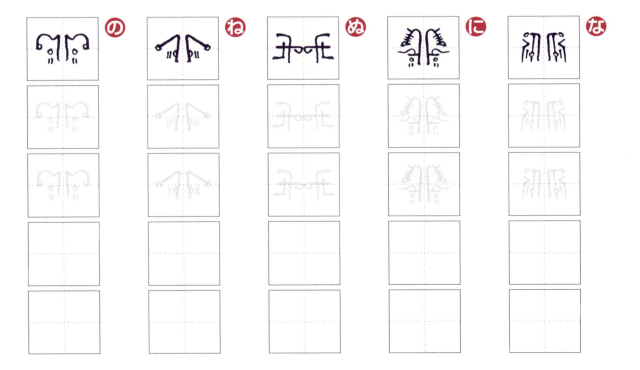

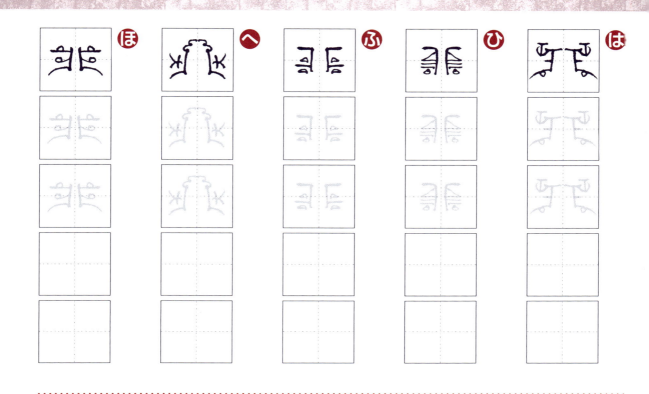

は

ひ

ふ

へ

ほ

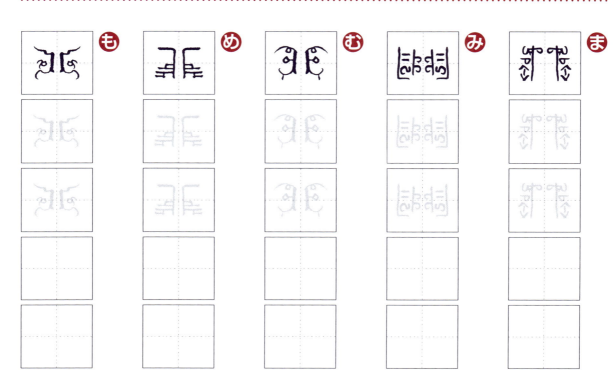

ま

み

む

め

も

や

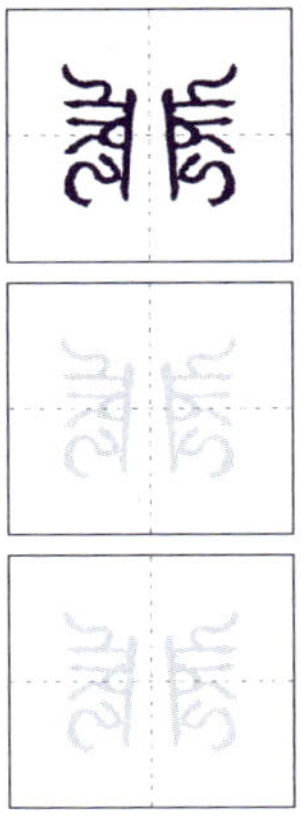

ゆ

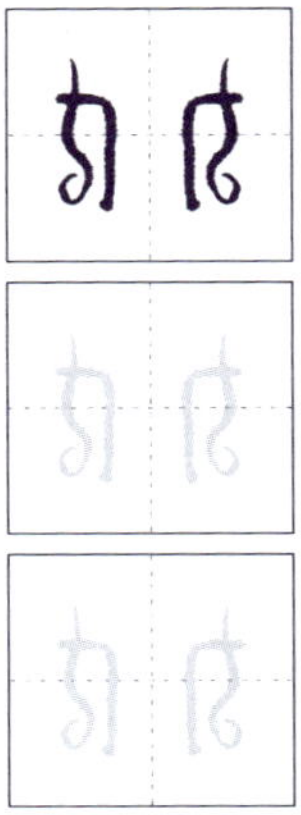

よ

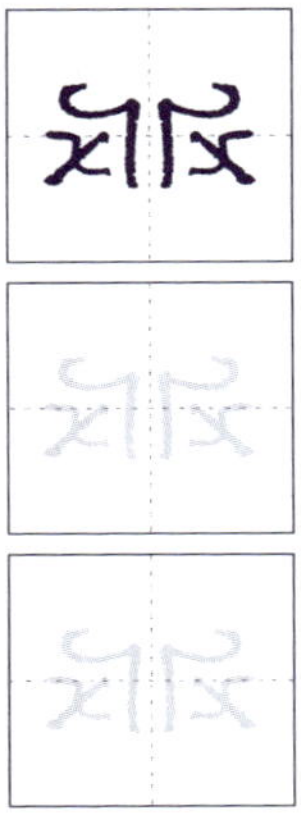

ら

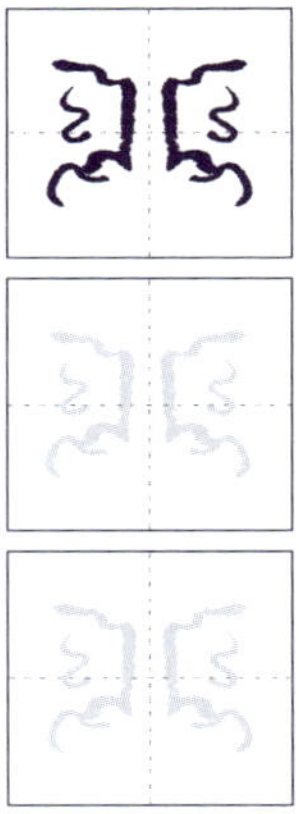

り

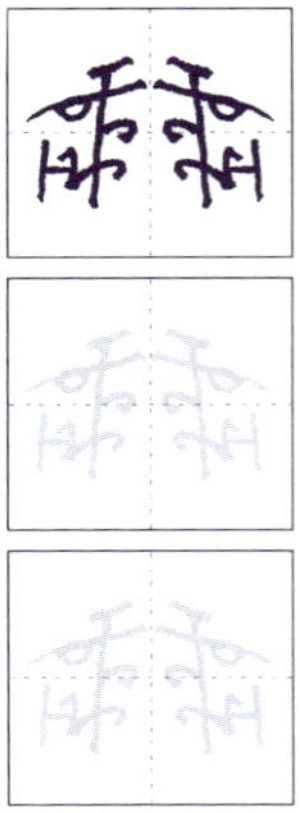

る

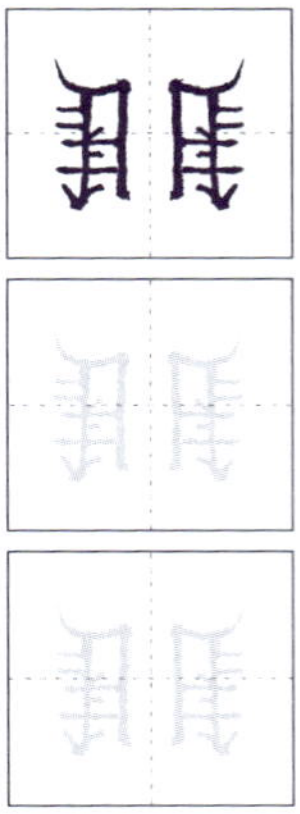

れ

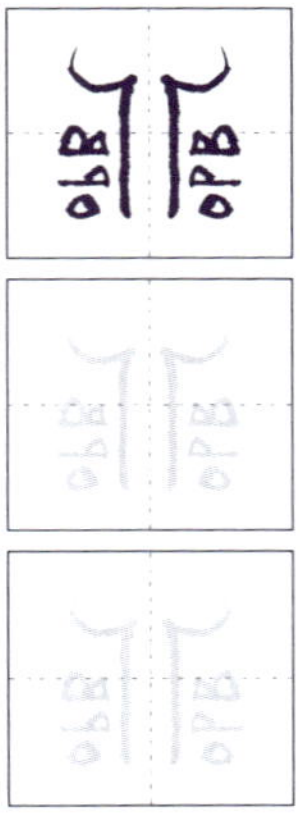

ろ

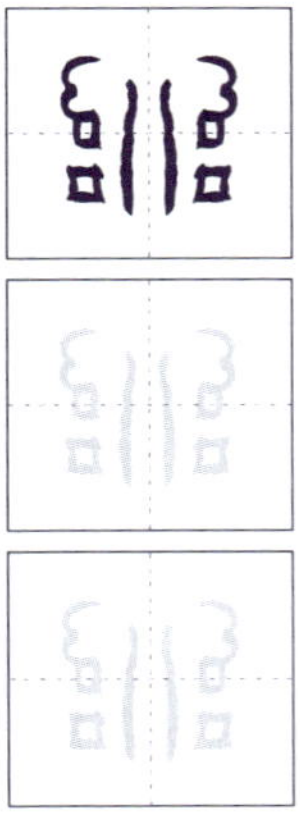

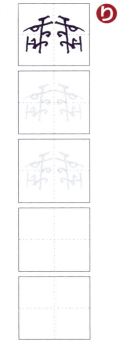

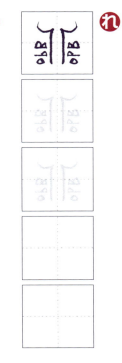

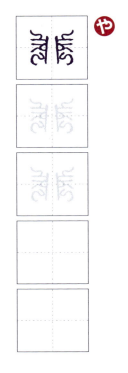

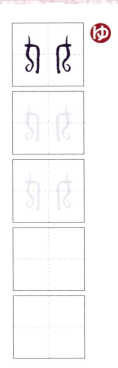

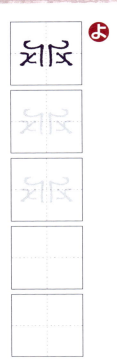

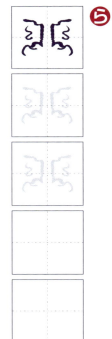

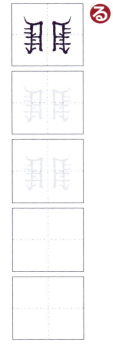

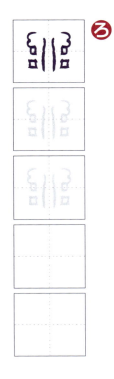

わ

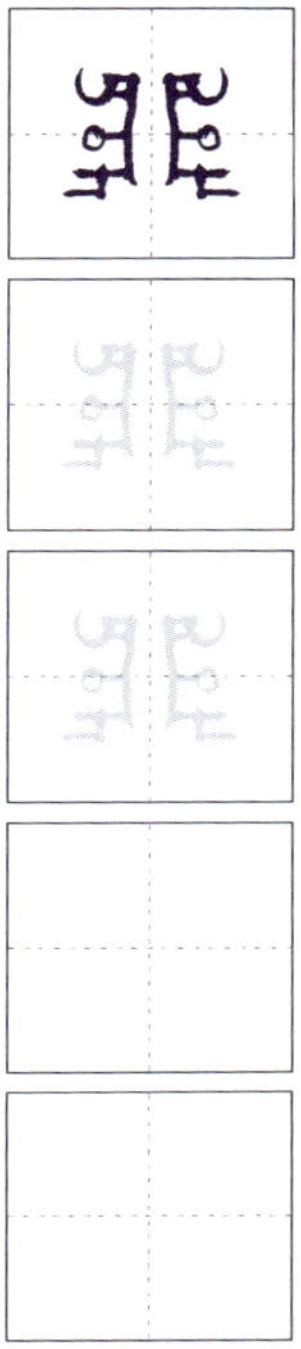

ゐ

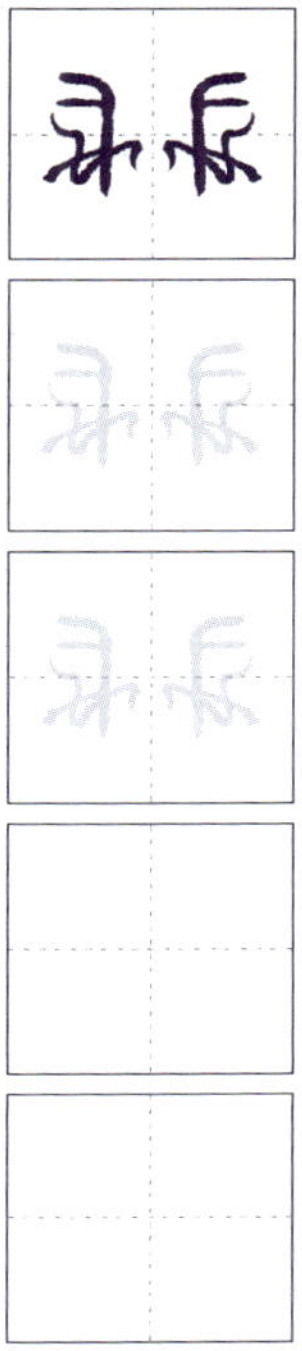

ゑ

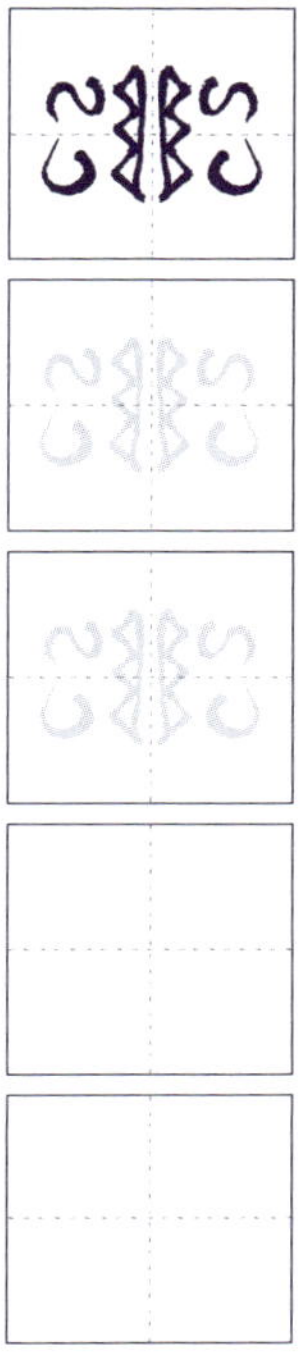

を

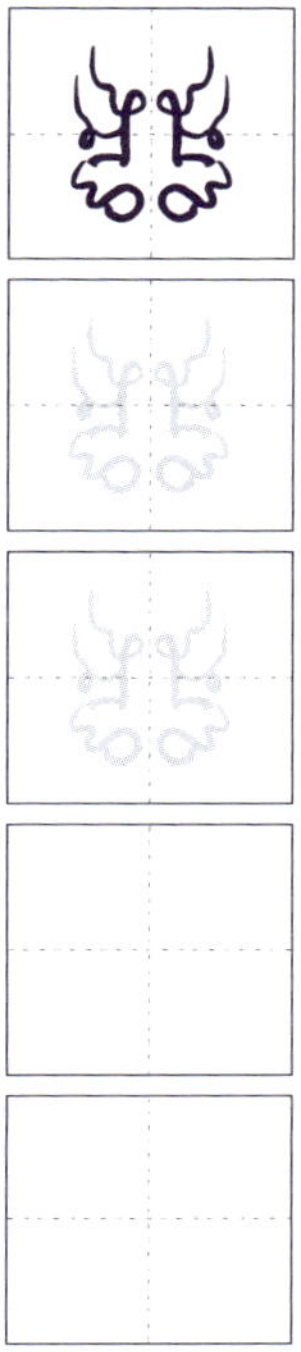

ん

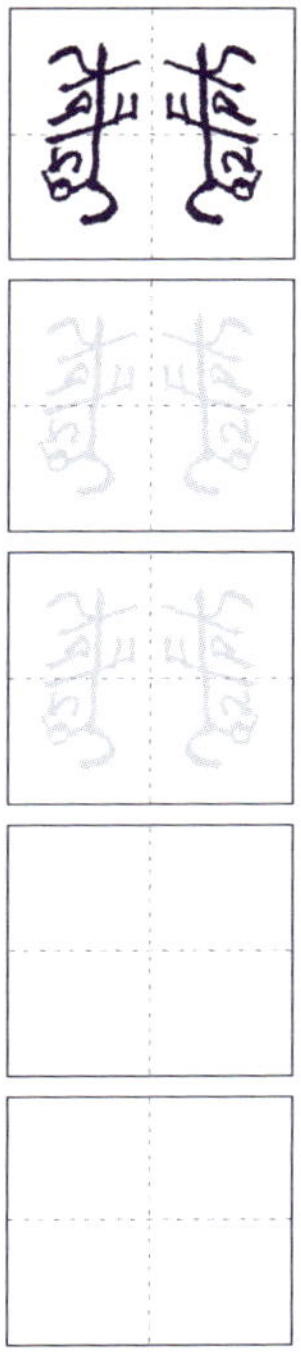

双龍にしたらこれまでの龍体文字の倍くらい大きな力が出るようになった
眠っていた龍が目覚めて天や地に向かって動きはじめたんだね

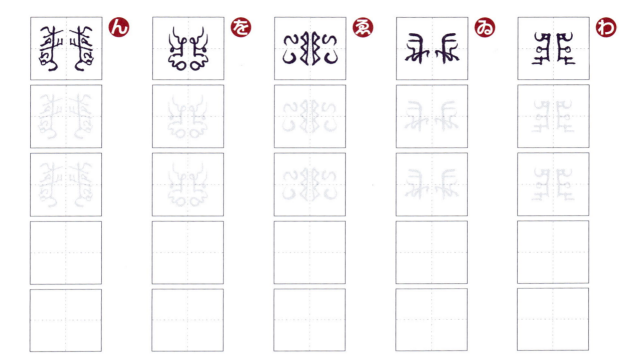

内なる神を呼び出し、光り輝かせる

双龍アワ歌

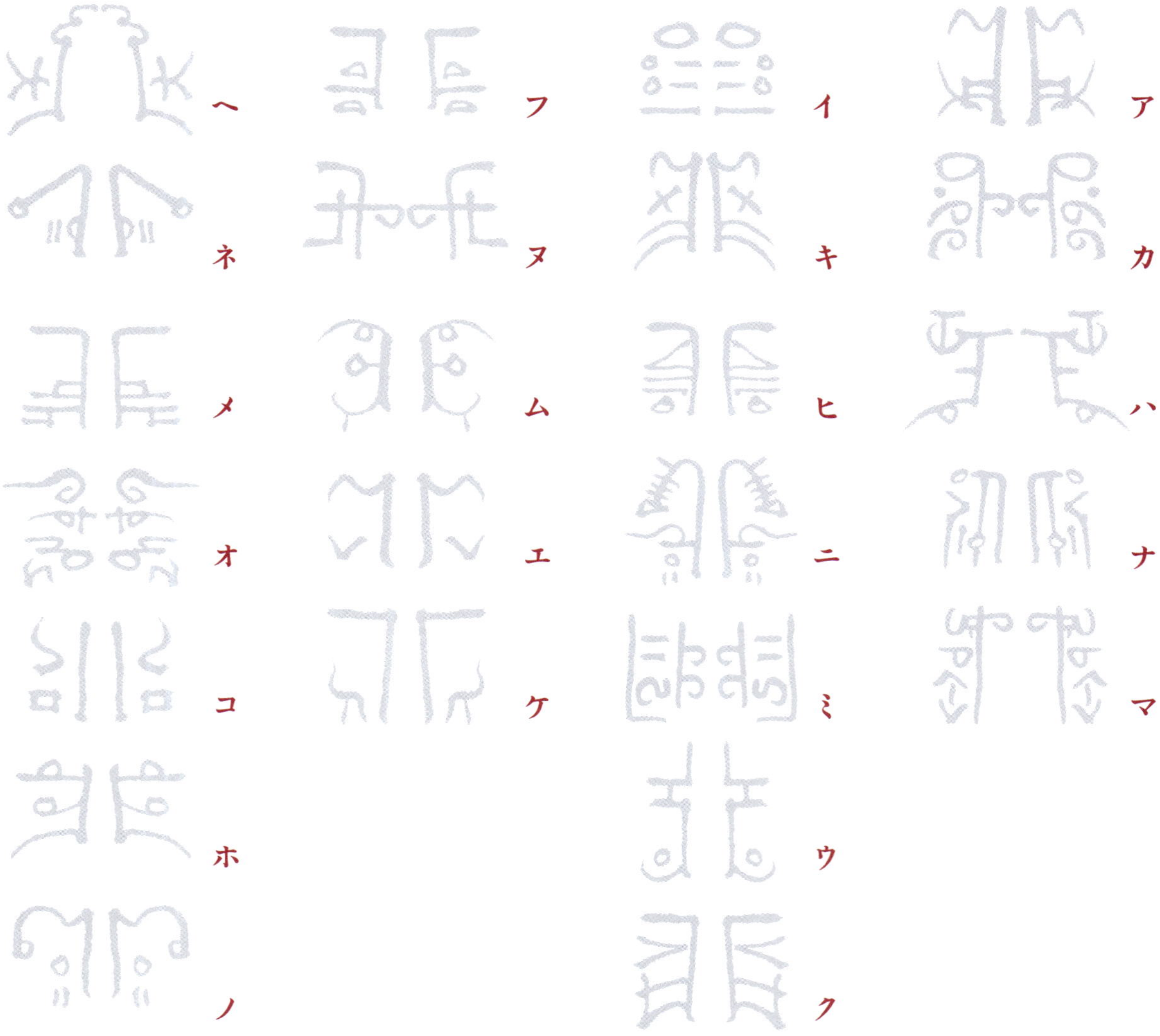

《効果》

・人間としての波長を整える　・開運

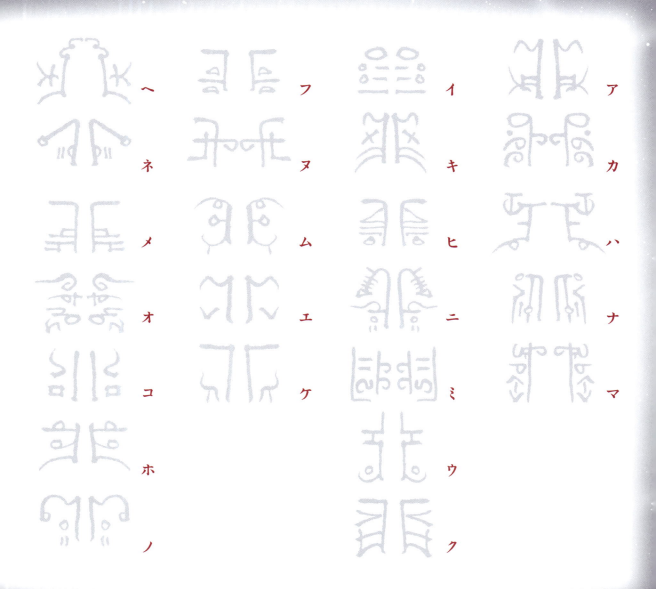

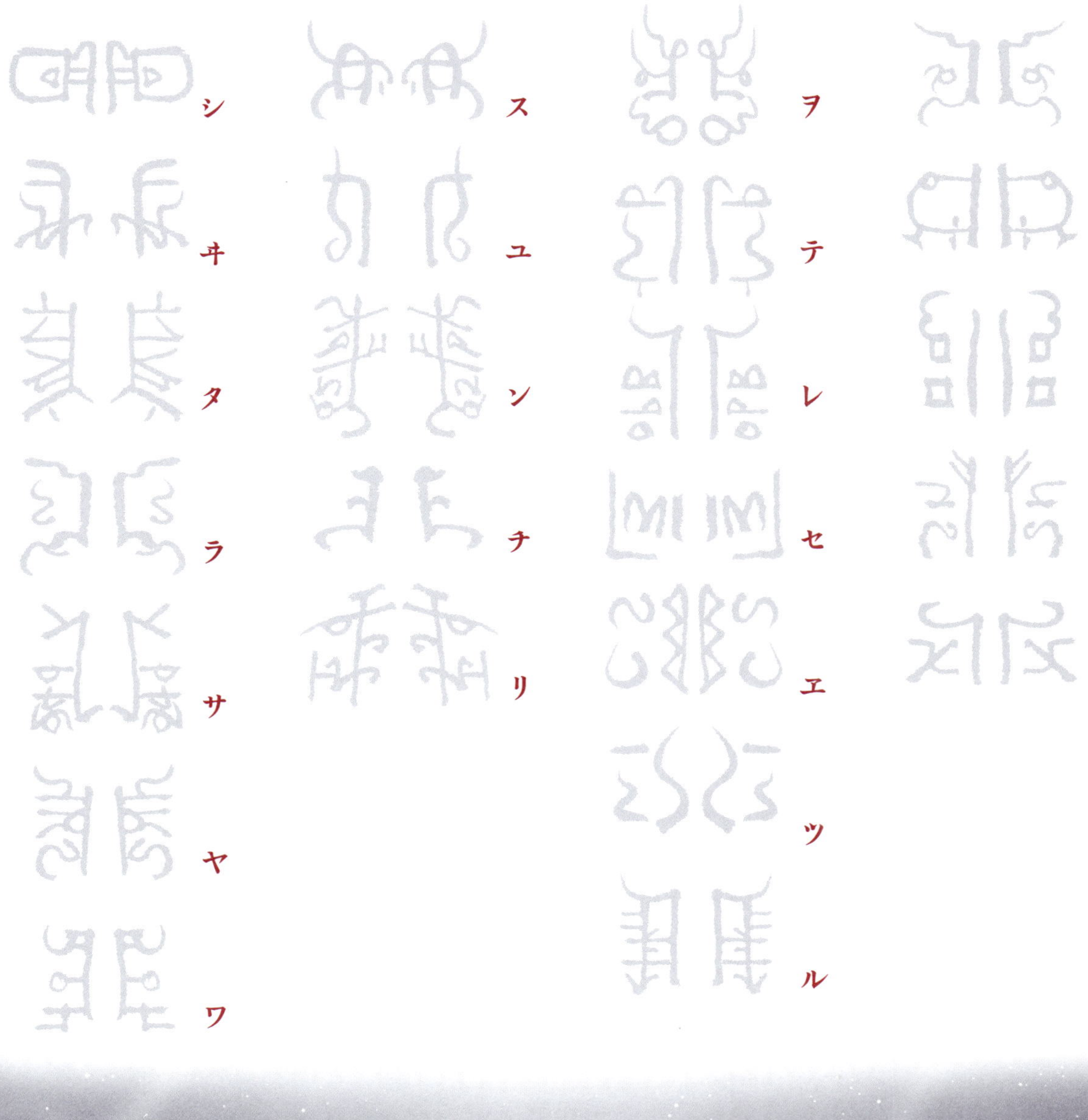
モトロソヨ
ヲテレセエツル
スユンチリ
シヰタラサヤワ

《解説》

アワ歌とは、「ア」が始まりを、「ワ」が終わりをあらわす歌。それを双龍体文字に置き換え、新しいアワ歌にしたことで自分のなかの内なる神を外に出し、光り輝かせることができるようになった。そうすることでみるみる病が改善し、気分もよくなる。

邪気をはらう強い龍のエネルギー

神性双龍体フトマニ図

《効果》

・龍の守護　　**・邪気をはらい浄化する**

《解説》

本来ホツマ文字で書かれたフトマニ図を私の考えた双龍体文字で書き換えることで、龍の力がさらに強まった。この図は全能の力を持つので、写し書きしてお守りのように持ち歩けば、龍が守ってくれるかもしれない。

双龍体文字で自由に書いてみよう

今回は私がつくった双龍体文字を使って、自由に書いていきましょう。双龍体文字で書いた自分の名前がプリントされたTシャツを着るとマイドラゴンがついたように、自分の名前をみずから書くことでも、龍の力は得られるでしょう。絵のような文字の美しさも楽しみながら書いてみてください。

例

濁音は濁点なし、
小文字は大文字に

マルヤマノブヒロ

↓

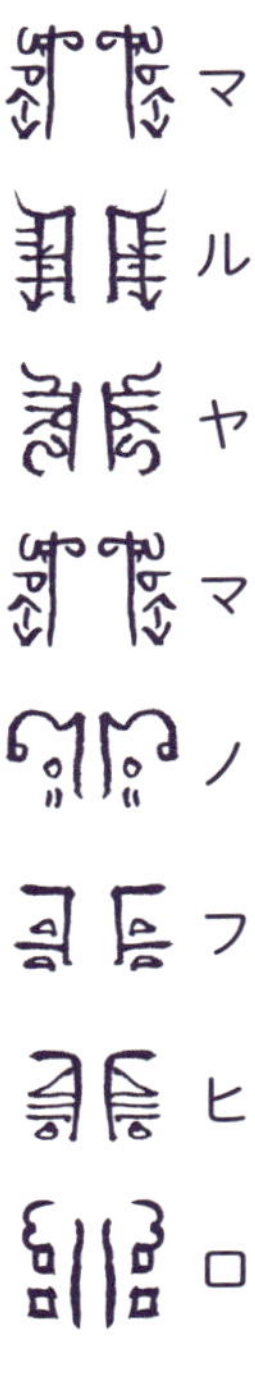

自分の名前を書いてみよう

好きな言葉を書いてみよう

ホ・オポノポノの教え
1

潜在意識の記憶（データ）の再生

私たちが目にするもの、それは潜在意識の記憶（データ）が三次元世界に投影されたもの。ハワイの伝統的な問題解決法「ホ・オポノポノ」では４つの言葉で潜在意識の記憶を書き換えます。

私が自分のなかにいる潜在意識の存在に気づいたのは、ハワイの伝統的な問題解決方法の1つである「ホ・オポノポノ」に関する本を通じてでした。その内容は、人間関係で問題が生じたとき、「ありがとう」「ごめんなさい」「許してください」「愛しています」という４つの言葉を唱えれば癒やしが起こり、問題が解決するというものでした。

じつは私たちが日常で目にしているのは、自分の潜在意識の記憶（データ）。それが三次元の世界で再生されたものなのです。ところが、ホ・オポノポノの４つの言葉やカタカムナウタヒを唱えると現状が変化します。潜在意識の古いデータが消え、新しいデータに書き換えられるからです。

第3章　ホツマ文字

ホツマ文字とは？

カタカムナ文字にも似た、直線や幾何学模様でできた
ホツマ（ヲシテ）文字。どういった由来でつくられたのか、
どんなパワーを持っているのか、ヒモ解いていきましょう。

人体への効果があらわれる不思議な文字

ホツマ（ヲシテ）文字も漢字以前の古代日本で使われていた神代文字です。この文字はカタカムナ文字にも似た図形や記号のように見えますが、私は人体を解剖してそれを文字にあらわしたものだと考えています。

ホツマ文字を見て何かに似ていると感じました。それはＭＲＩの画像。脳を断層撮影した画像と、ホツマ文字の「アカハナマ」がとても似ていて、この文字をつくった人は人の頭をスライスしそれを文字にあらわした、もしくは人を透視できる超能力者だったのかもしれないと考えるようになりました。

ほかの文字にしても、内臓や骨、体のパーツととても似ているのです。さらに研究を進めていくと、ホツマ文字が人の体に与える効果が絶大であることがわかってきました。ホツマ1文字書いた紙を調子の悪い箇所に貼ると、驚くほど痛みが引いたり症状が改善するという現象が起こるのです。この文字がもつパワーがどれくらいのものかはまだわかりませんが、「人体に影響を与えるエネルギー」というのはかなり強いと確信しました。

基本的に神代文字は神様によってつくられた文字ですが、それを元にどんどん創造していくものだと私は考えます。「神のつくった文字に手を入れるなんて恐れ多い」と思うかもしれませんが、それを元に新しいものをつくりあげることが私たちの使命なのです。

ホツマ文字が人体のパーツをあらわすという説が正しいかどうかはわかりませんが、この文字を使った臨床研究のなかで患者さんの症状が目に見えて改善したり、いい変化が起きたことは事実です。人体と関係がなければこんなに人体に効くわけがない。ホツマ文字をつくった人は、人体のもつエネルギーをこの文字に込め、それを現代になって私が使い、さらに医師として長年体を診てきた観点から気づき進化させていく。または人の不調を癒す文字を新たに生み出すことが、今後の私の仕事だと思っています。

人体をスライスして体の部位を文字にしていた!?

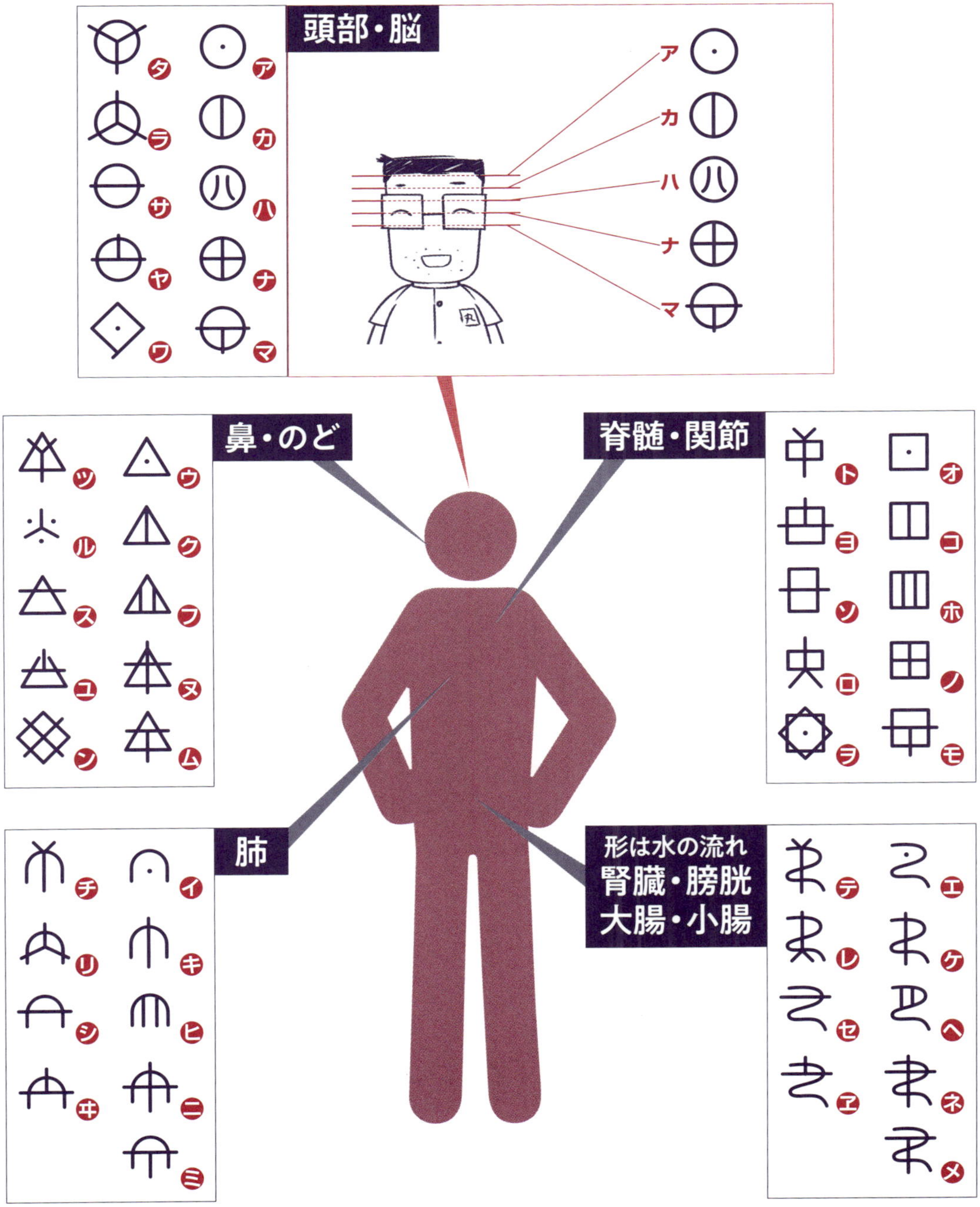

ホツマ文字 48音

なぞりましょう

ア

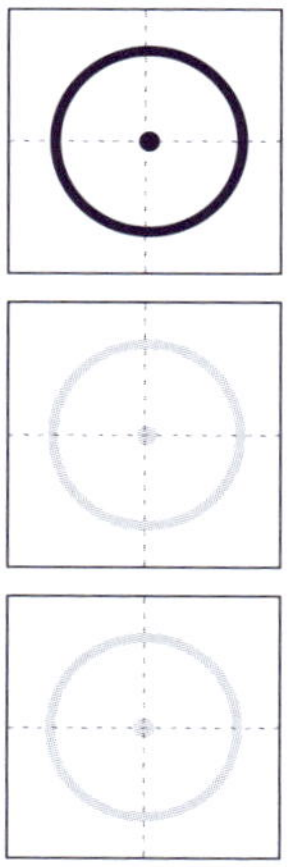

《解説》ハートや、脳の中心をあらわします。

イ

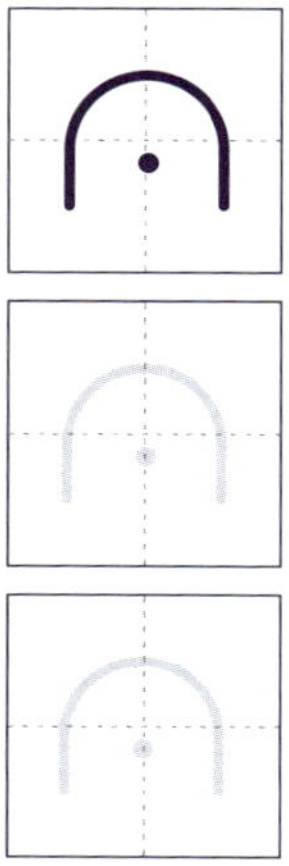

《解説》肺や脳の後頭部にある小脳などのコントロールに使います。

ウ

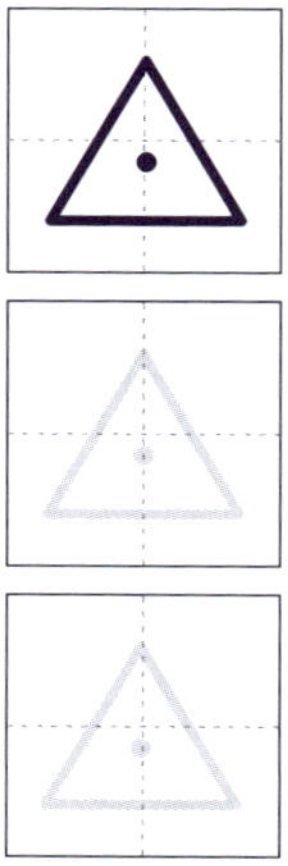

《解説》心肺機能の調節、動悸《どうき》、息切れに効果的です。

エ

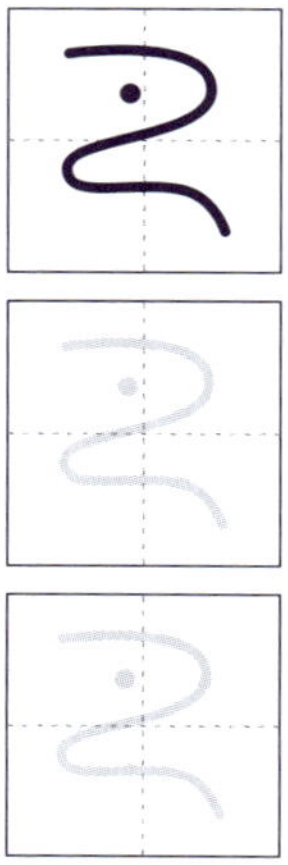

《解説》形は水の流れ、腎臓や腸を意味し人体の側面をコントロール。

オ

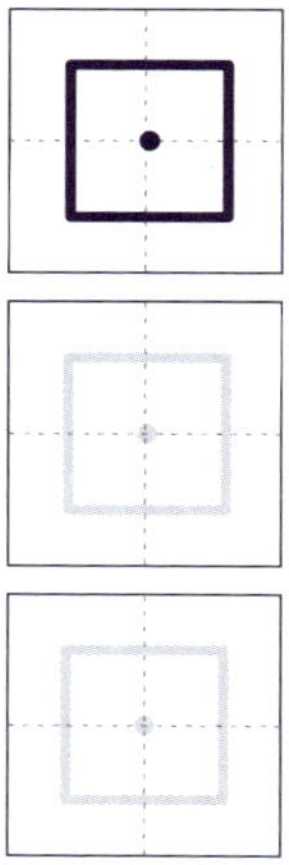

《解説》人体周囲のオーラなど、生命場を調えます。

カ

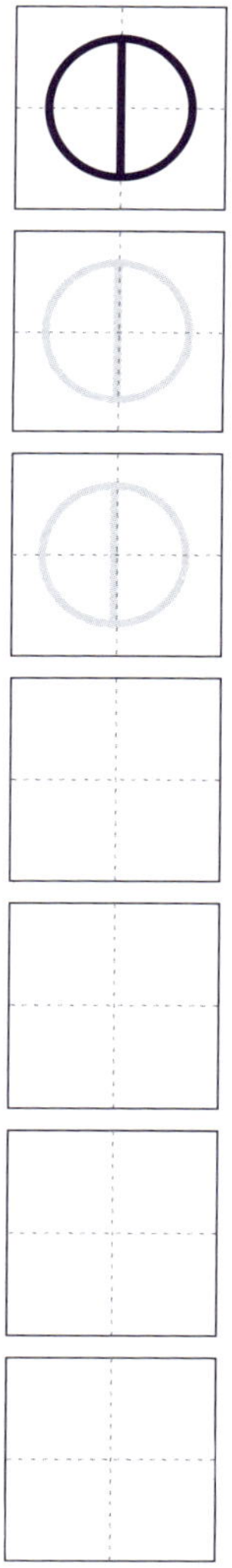

《解説》左右の脳の統合と、心臓の血流をよくします。

キ

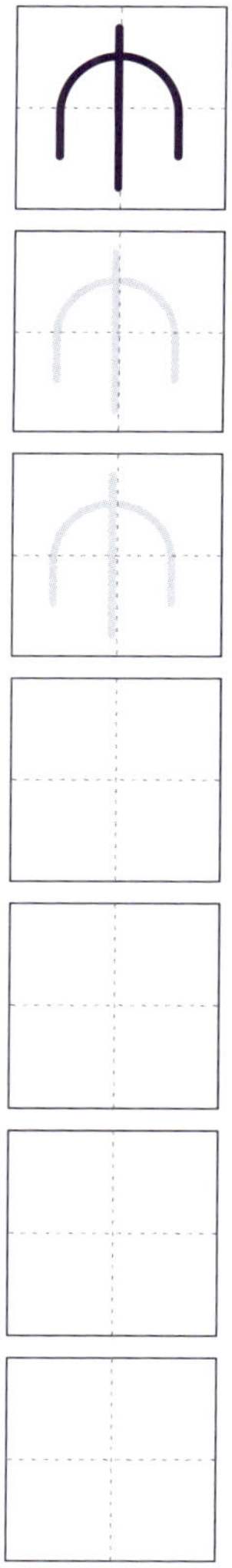

《解説》頭蓋骨と頸椎の接続をよくし、気の流れをよくします。

ク

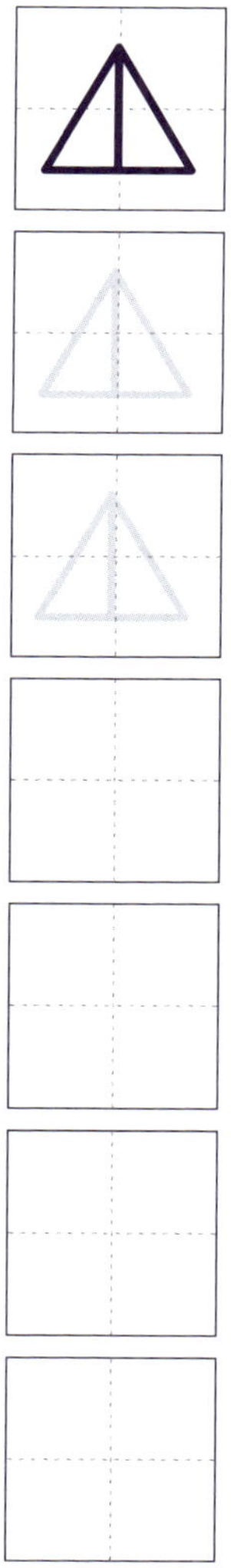

《解説》肺の機能をよくします。アレルギー性鼻炎にも効果的。

ケ

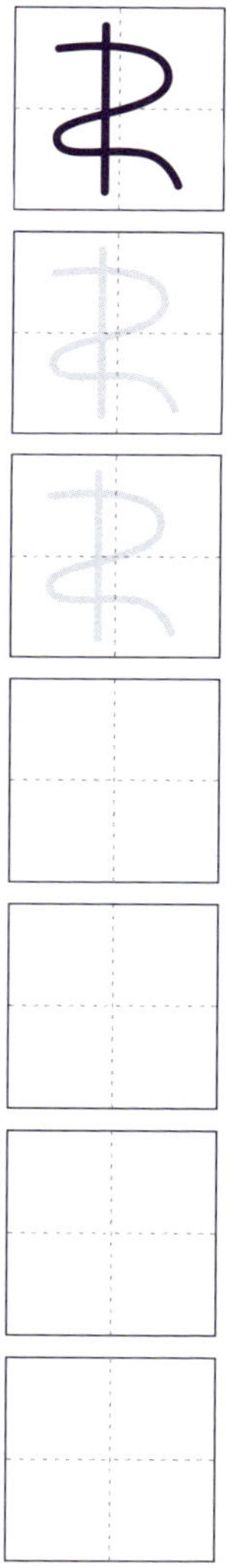

《解説》体の回旋など、人体の円運動を潤滑にします。

コ

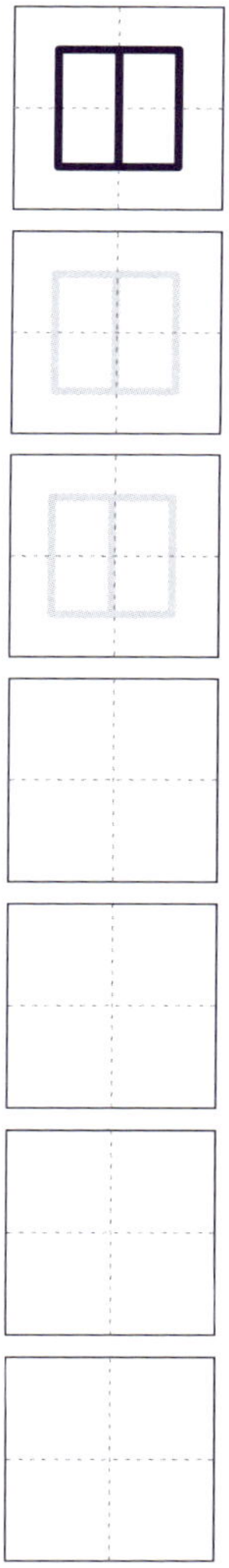

《解説》手、足首などの関節の働きをよくします。

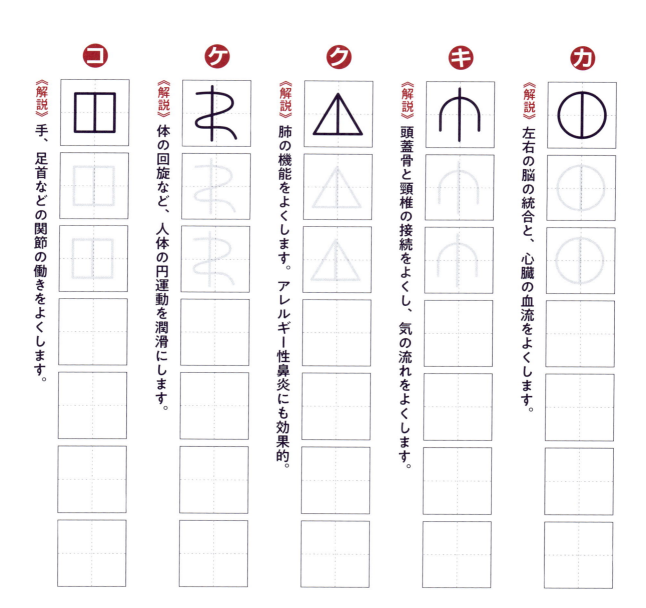

サ

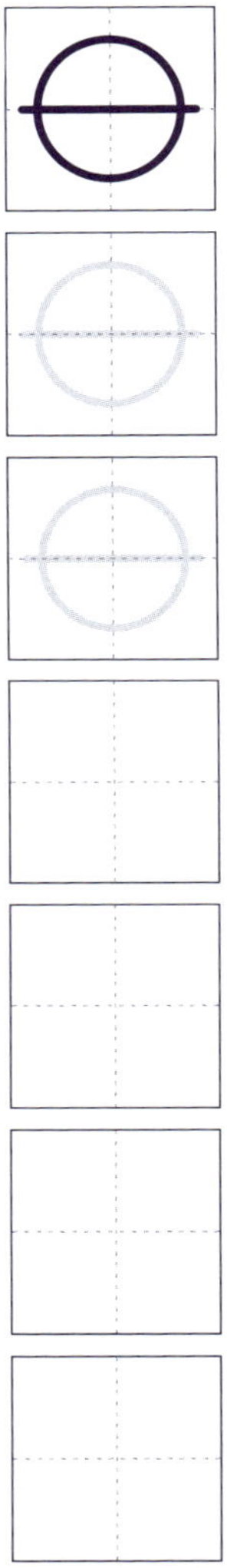

《解説》脳下垂体、松果体の働きを強くし、結果免疫力が向上。

シ

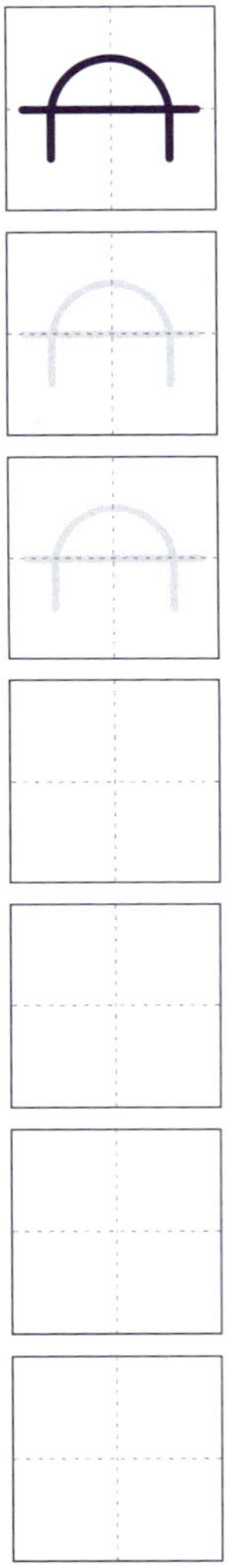

《解説》手先、指の痛みをとります。爪に貼るといいでしょう。

ス

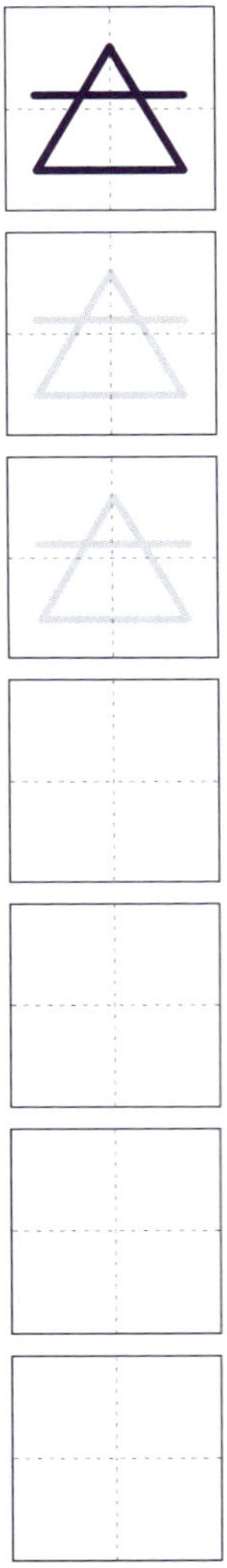

《解説》子宮、膀胱、肛門辺りの問題を解決します。

セ

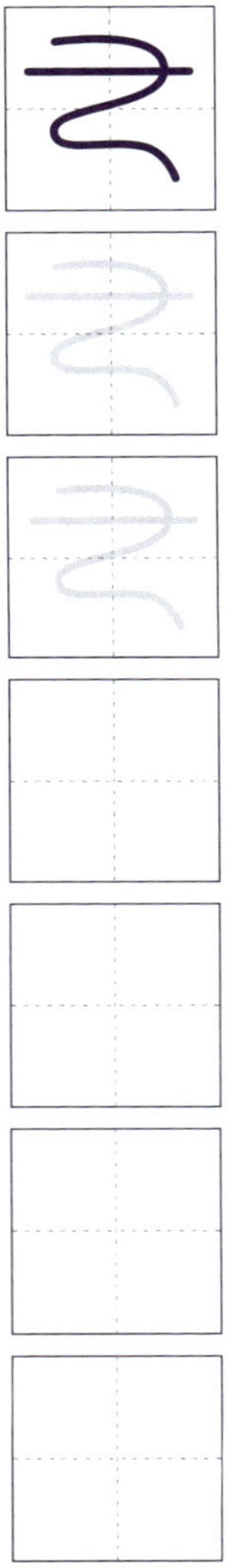

《解説》歯や口のなかの問題を解決します。

ソ

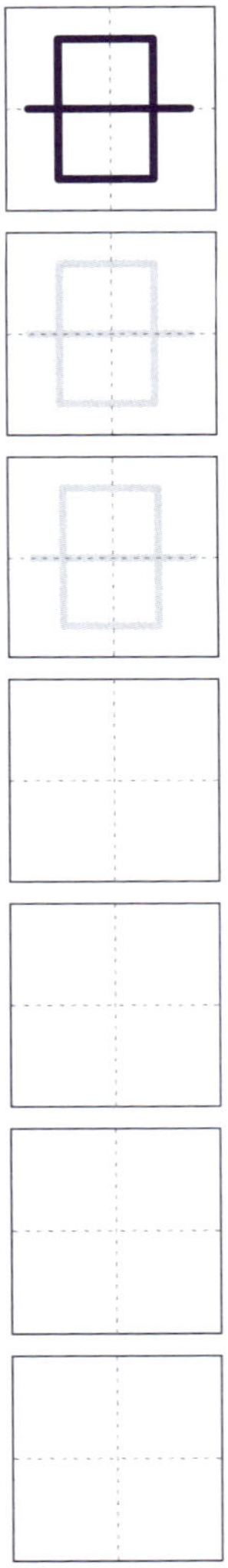

《解説》関節の動きを円滑にします。運動性能のアップ。

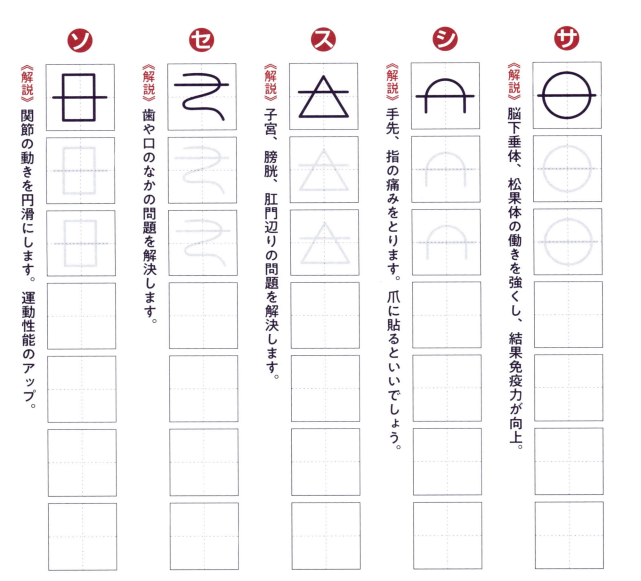

タ

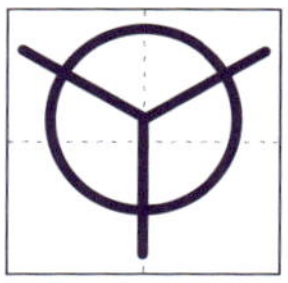

《解説》脳内ホルモンの活性化に作用します。

チ

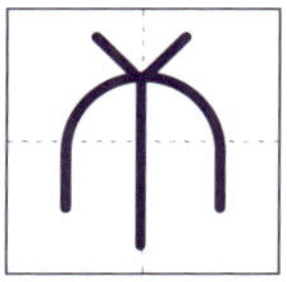

《解説》脳の中心の血流をよくします。

ツ

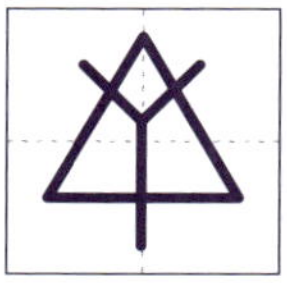

《解説》鼻、肺、気管支の働きをよくします。

テ

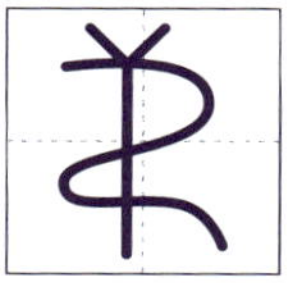

《解説》腎臓などの働きをよくします。

ト

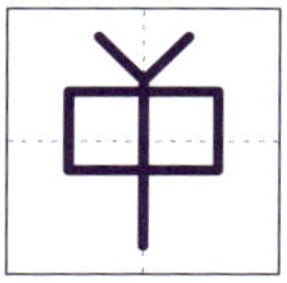

《解説》生体エネルギーや気の出入りをスムーズに。

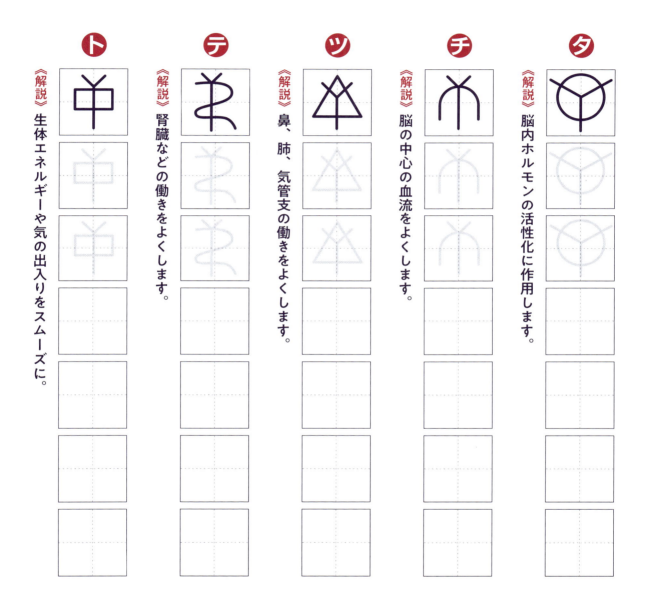

ナ

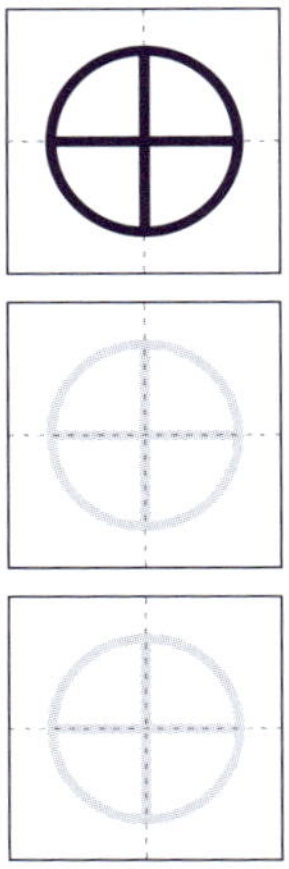

《解説》脳の血流と心臓の血流をスムーズに。

ニ

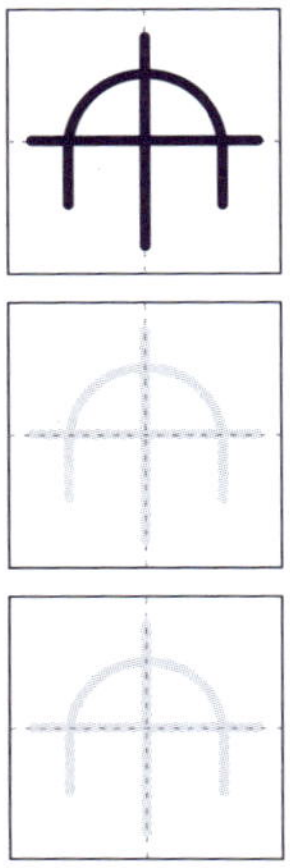

《解説》左右の脳のバランスをとります。

ヌ

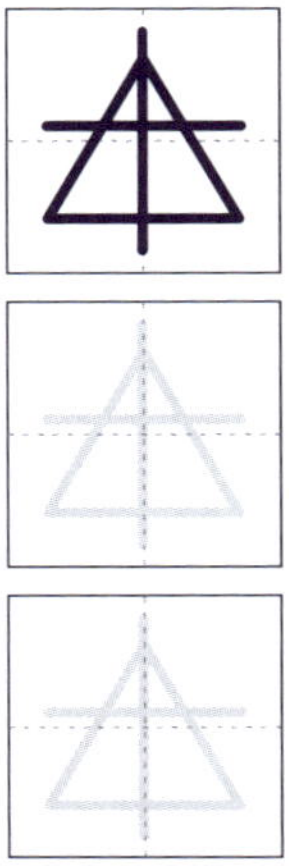

《解説》左右の手の動き、働きを調整します。

ネ

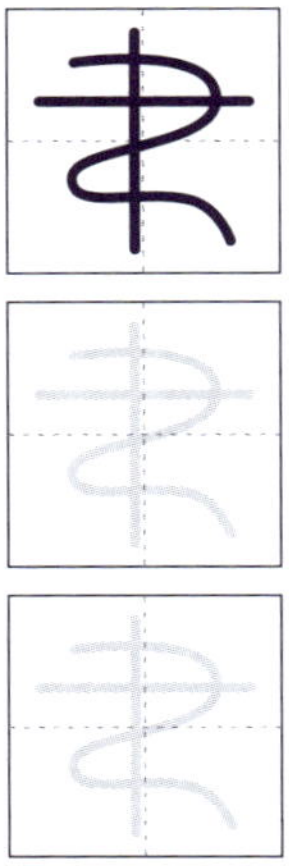

《解説》脳神経系の働きをよくします。

ノ

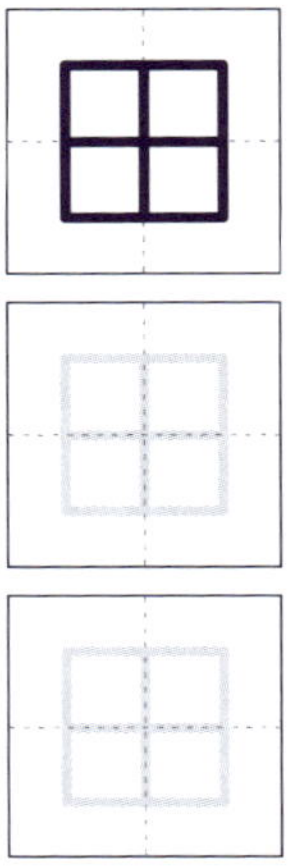

《解説》耳の働きをよくし、音がクリアに聞こえるように。

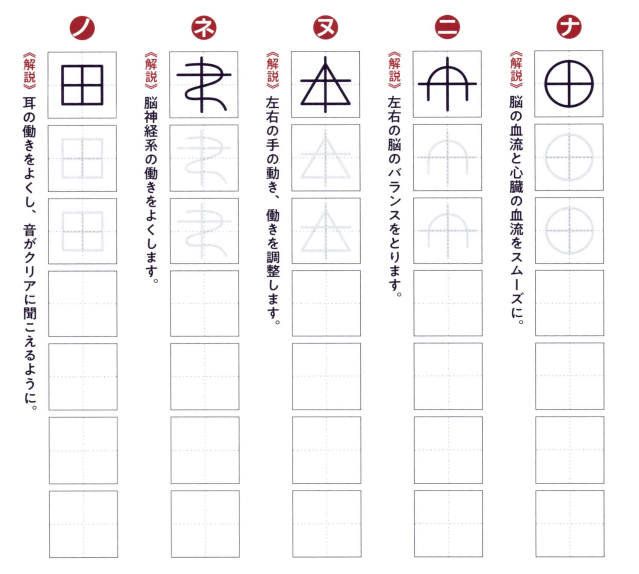

ヤ

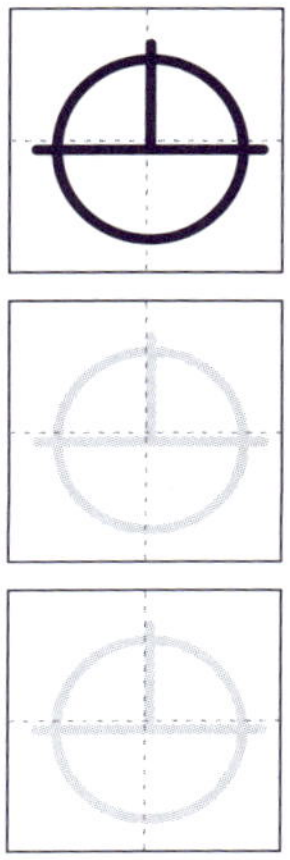

《解説》前頭葉の働きをよくして、直観力がアップ。

ヰ

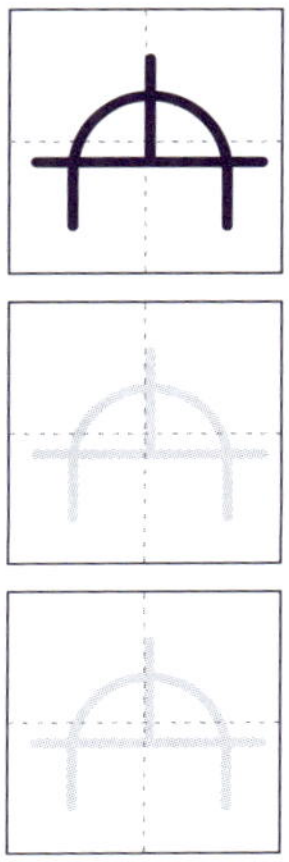

《解説》息をクリアにします。

ユ

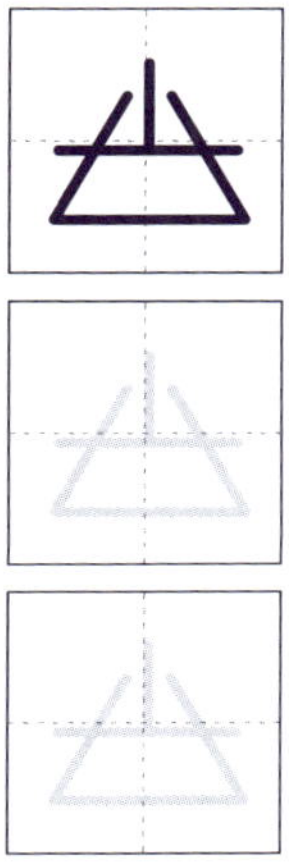

《解説》喉、甲状腺の調子を整えます。

ヱ

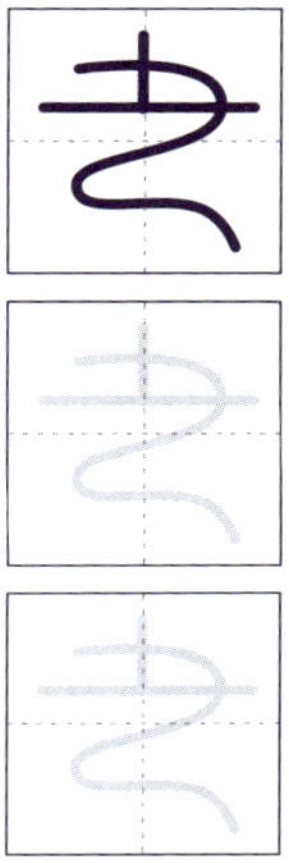

《解説》腎臓、膀胱、泌尿器系の働きをよくします。

ヨ

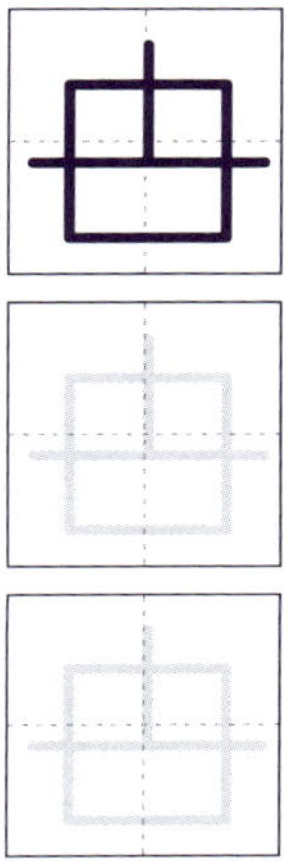

《解説》仙腸関節の調節をします。

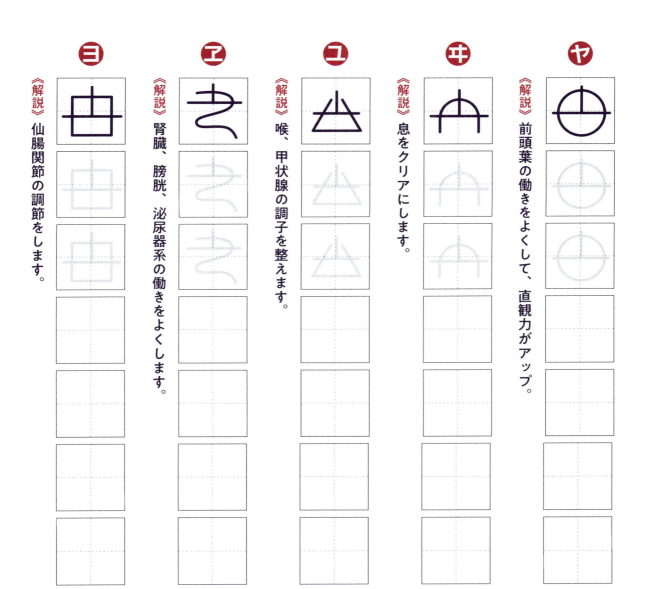

ラ

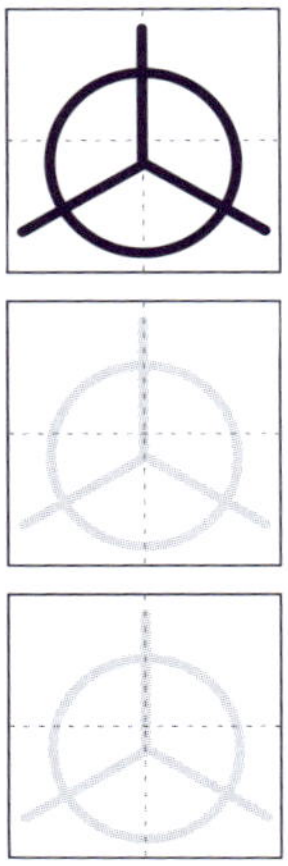

《解説》リンパの流れをよくし、むくみをとります。みぞおちに貼ると◎。

リ

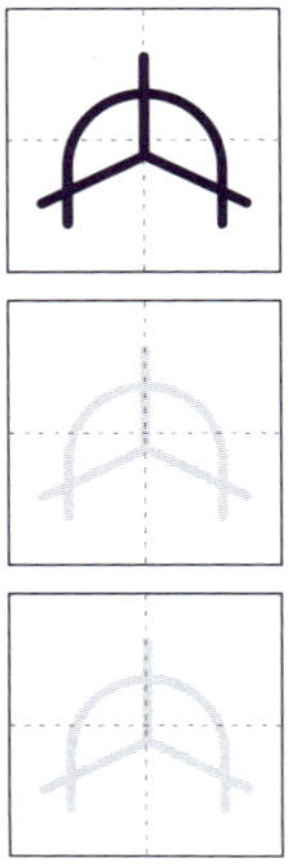

《解説》膵臓、肝臓の働きをよくします。

ル

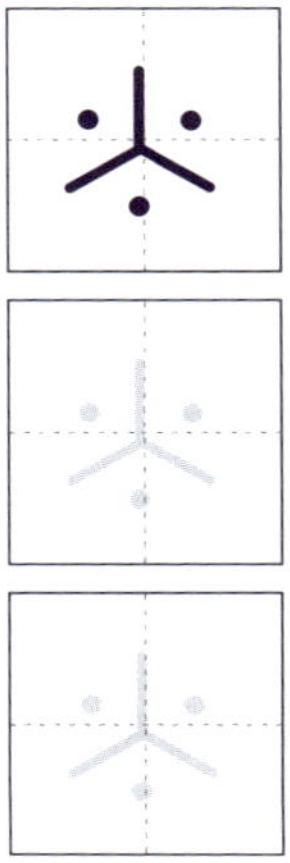

《解説》頭蓋骨の前面、前頭葉、目、鼻、口の問題を解決。

レ

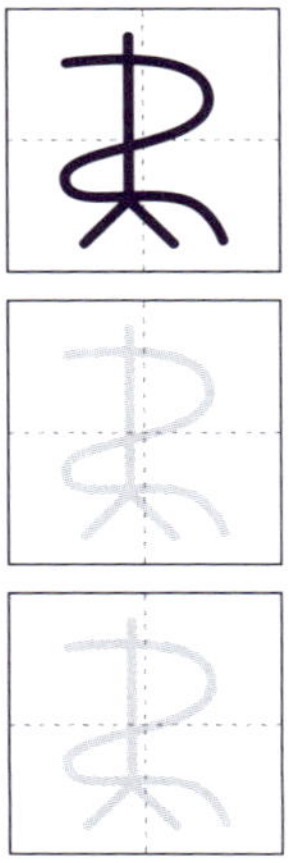

《解説》足腰の強化。足の裏に貼るとよい。

ロ

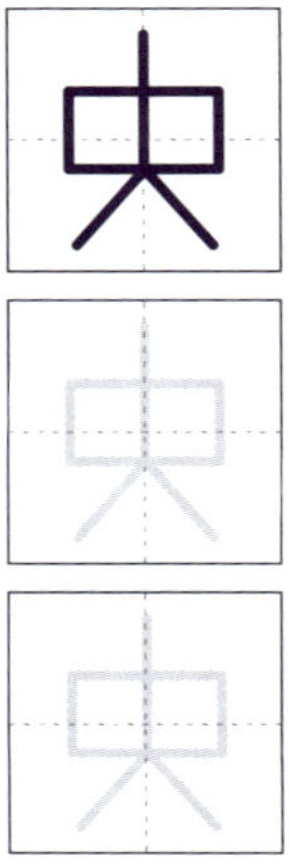

《解説》骨盤の調整をします。腰に貼ると◎。

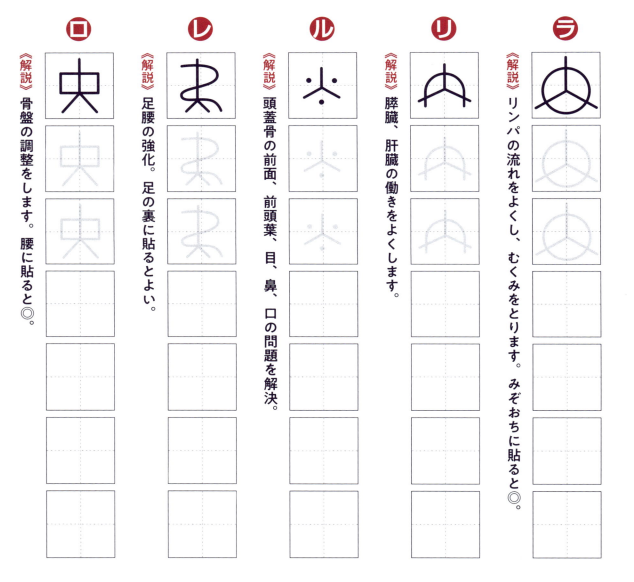

ワ

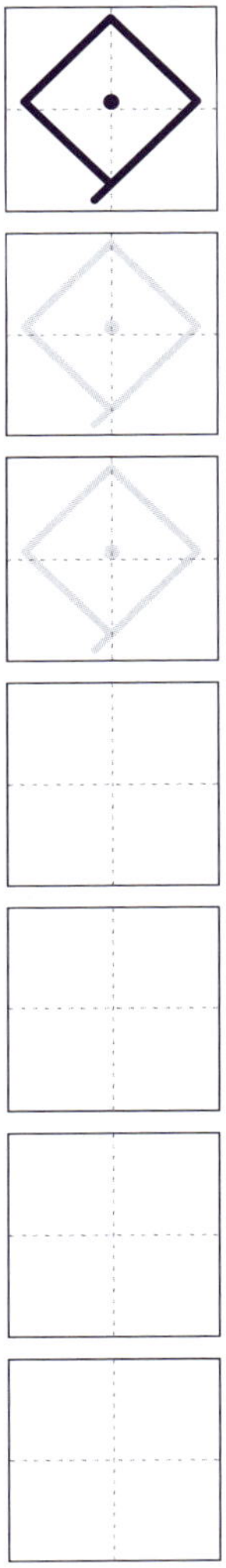

《解説》エネルギーやパワーを出し、体を元気にしてくれます。

ヲ

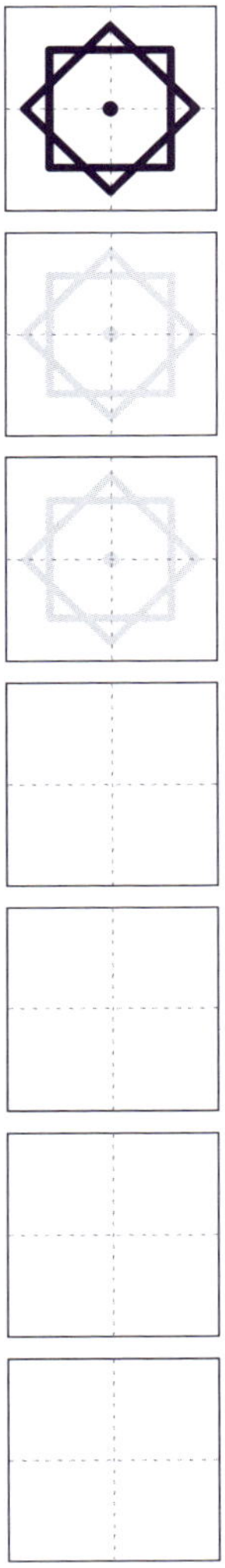

《解説》頭頂部か肛門に貼ると体にゼロ磁場をつくります。

ン

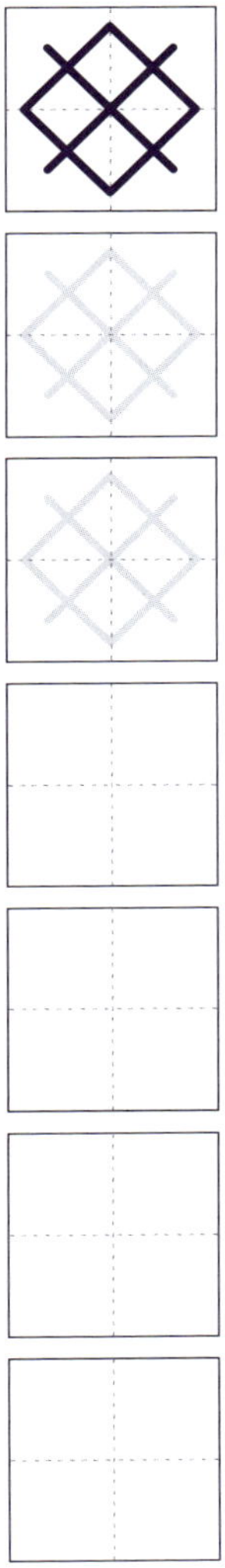

《解説》筋肉の緊張をとり、気の流れをスムーズにします。

1文字1文字が立体となりパワー増強！

三角ホツマ文字アワ歌

《効果》 ・体力の増強 ・開運

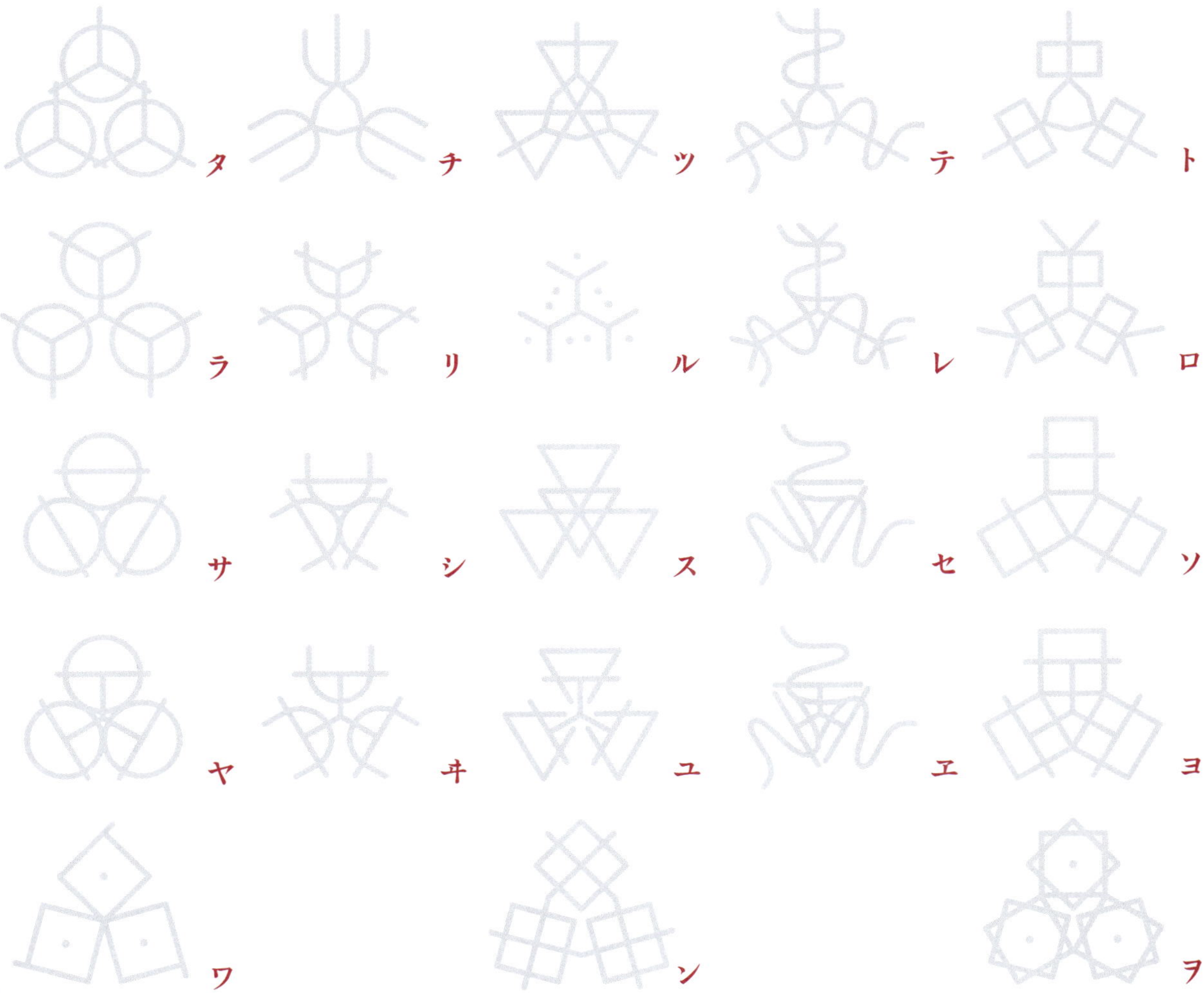

《解説》

３つを一緒にすることでホツマ文字がもともと持つパワーが増強され、それをアワ歌の配列にしたことでさらなる力が生まれた。同じ３つの文字を１つに合わせると、それぞれの力が中心でぶつかり合い、その力の集合部分が噴水のようにフッと上に上がる。文字が平面から正四面体構造になることで生命力を活性化させるピラミッドパワーが湧いてくる。

ホツマ文字で自由に書いてみよう

最後はホツマ文字を使って自由に書いてみましょう。この文字は人体のエネルギーを宿した文字ですから、自分の体で気になる部分に効きそうな文字を自由に並べて書くのもよし、図形のようなシンプルな文字なのになぜか気になるな……というような目を引く文字をランダムで書いてみるのもよいでしょう。

例

濁音は濁点なし、小文字は大文字に

マルヤマノブヒロ

↓

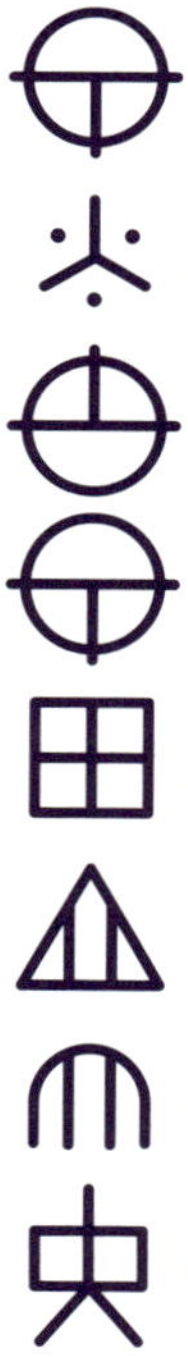

自分の名前を書いてみよう

好きな言葉を書いてみよう

ホ・オポノポノの教え
2

潜在意識に感謝する

潜在意識の記憶の再生により問題が起こったときの対処の仕方や心の在り方を説明します。

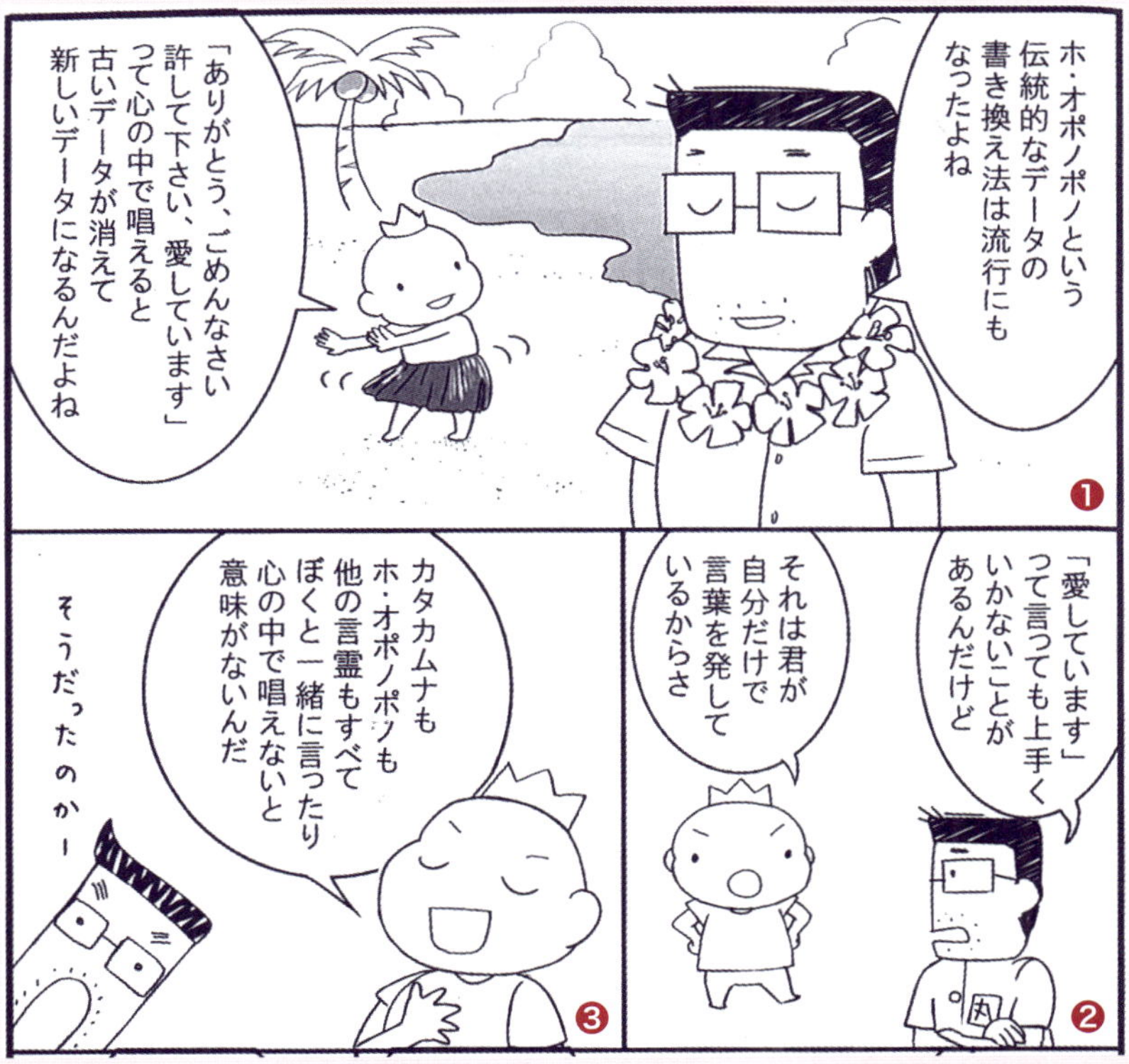

カタカムナウタヒやホ・オポノポノの言葉を唱えるときに大切なのは、潜在意識と一緒に唱えること。いつでも潜在意識を忘れてはいけません。そして、悪いことが起きてもすべて100％自分の責任だと受け入れることです。

また、目の前で問題が起きたときは、潜在意識に感謝することが大事です。「記憶を再生して見せてくれてありがとう」と気持ちを伝え、「一緒に消去しようね」と声をかけるのです。そうすると潜在意識はすごく元気になります。感謝の気持ちは潜在意識のなかの記憶も消してくれるので、感謝する人にはどんどんよいことが起こります。記憶は自分の魂を成長させてくれるために再生されているので、記憶そのものや記憶が再生されることにも心から感謝しましょう。

著者 丸山修寛（まるやま のぶひろ）

丸山アレルギークリニック院長。医学博士。東北大学病院第一内科で博士号を取得。東洋医学と西洋医学に加え電磁波除去療法、波動や高次元医療に取り組む。神代文字、クスリ絵、意識の持つ力を研究し、その文字や絵を使って行う独特の治療法は、その有効性が注目され、多くのメディアで取り上げられている。著書に『クスリ絵』『クスリ絵part2 目醒めと気づきのカタカムナ』（ともにビオ・マガジン）、『魔法みたいな奇跡の言葉カタカムナ』（静風社）、『日めくりクスリ絵』（永岡書店）ほか多数。

カバーデザイン　東城加代子
本文デザイン・DTP　小河原徳（株式会社クリエイティブ・スイート）
マンガ原画・原案　丸山修寛
校正　くすのき舎
編集協力　倉田 楽、川崎友里恵（株式会社クリエイティブ・スイート）

書くだけで運気があがる 心身が整う
神代文字なぞり書き

2019年11月10日 第1刷発行
2023年 6 月10日 第2刷発行

著　者　丸山修寛

発行者　永岡純一

発行所　株式会社 永岡書店
〒176-8518
東京都練馬区豊玉上1-7-14
代表：03-3992-5155　編集：03-3992-7191

ＤＴＰ　センターメディア
印　刷　誠宏印刷
製　本　ヤマナカ製本

ISBN978-4-522-43757-5 C0077
乱丁・落丁本はお取替えいたします。
本書の無断複写・複製・転載を禁じます。

特別付録 神代文字開運護符

本書で紹介した神代文字を元に私がつくった開運護符を３つ掲載いたします。それぞれがとても強い力を持っています。この護符を切り取り、手帳や財布に入れて持ち歩けば開運に導かれるでしょう。

このまま持ち歩いても構いませんし、指で文字をなぞったり、自分の思うがまま、好きに色を塗ってみるのもいいでしょう。

双龍フトマニ図

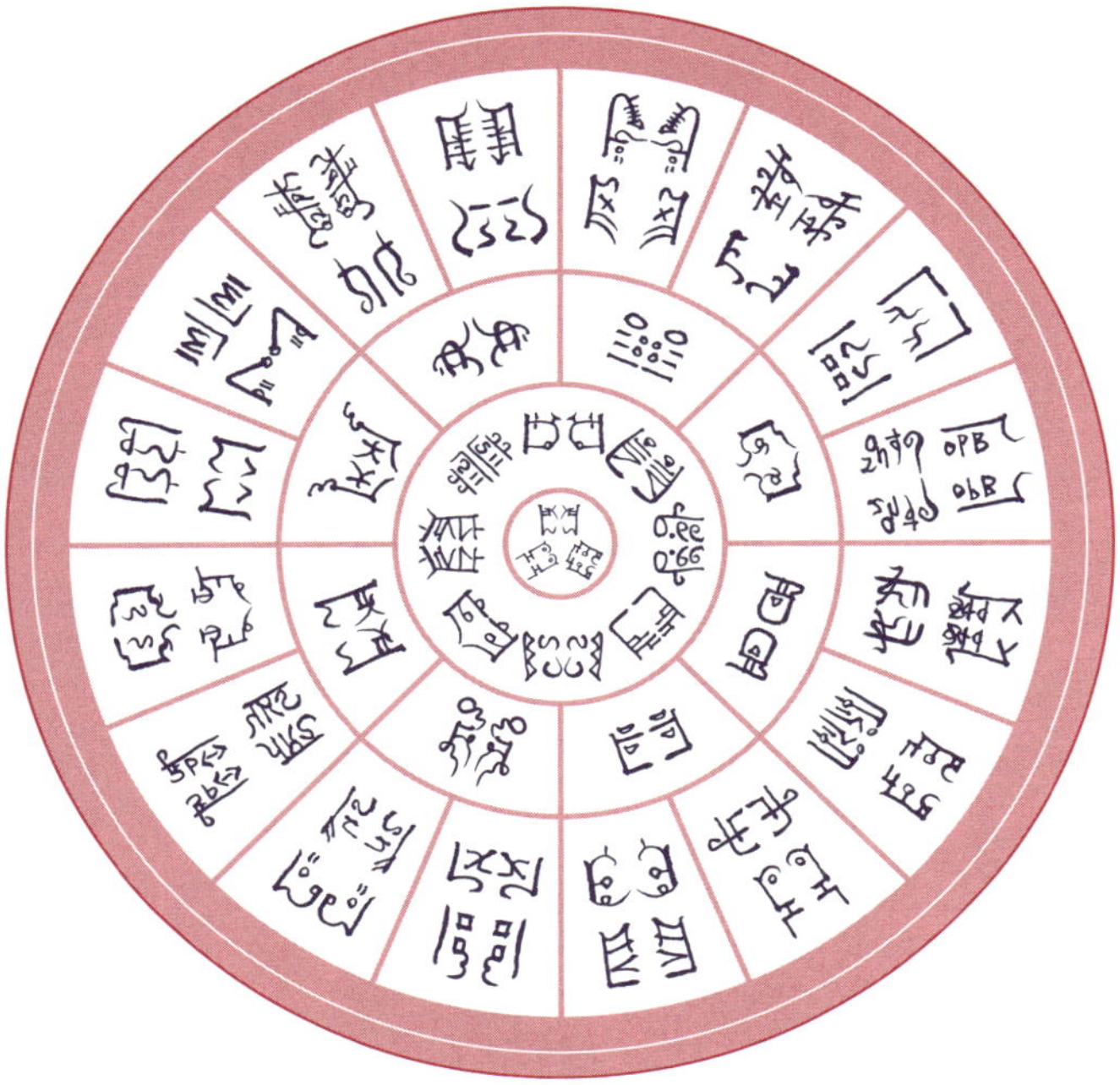

キリトリ

カムナ

龍体護符

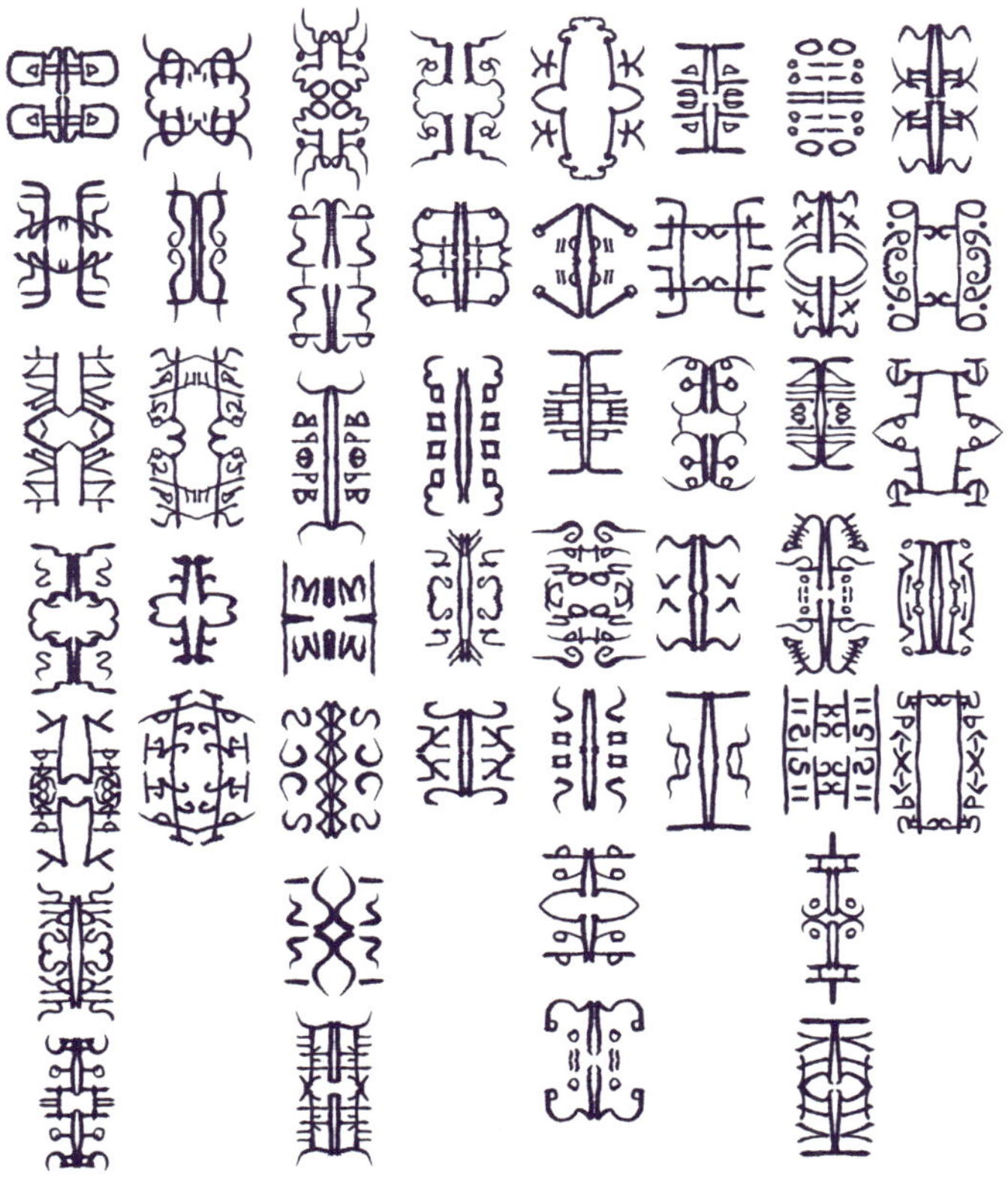